Leonardo Leone

LA DISOCCUPAZIONE NON ESISTE

Titolo:
"LA DISOCCUPAZIONE NON ESISTE"

Autore:
Leonardo Leone

Siti internet:
www.iocreoilmiodestino.it
www.leonardoleone.net

Sommario

I BONUS DI QUESTO LIBRO:

Bonus 1 (Fine secondo capitolo)
STATISTICHE SUL LAVORO

Bonus 2 (Fine terzo capitolo)
10 ERRORI NELLA COMPILAZIONE DEL CV

Bonus 3 (Fine quarto capitolo)
7 ERRORI SUL LAVORO

Bonus 4 (Fine quinto capitolo)
7 ERRORI BUSINESS

Bonus 5 (Fine ringraziamenti)
RINGRAZIAMENTI

Introduzione:

Questo libro nasce dall'esigenza di portare alla luce la verità che appartiene a questa società riguardo il lavoro e l'imprenditoria. La verità vissuta da un uomo partito dalle case popolari, che ha intrapreso un percorso di vita *step by step*, prima come lavoratore dipendente e poi come imprenditore, incontrando non poche difficoltà.
Faccio questa premessa per farti sapere che non leggerai un "libro", scritto da uno "scrittore", che verrà letto da "lettori". Si tratta di un viaggio interiore, di parole scritte da **me** per **te**.

Qualcuno o qualcosa ci ha inculcato in mente l'idea che tutto è dovuto al caso. Io non sono d'accordo. Troppo comodo pensarla così. Tutto, anche la minima azione, ha uno scopo ben preciso, persino gli eventi negativi.
Per questo voglio condividere questo scritto, per chiarezza, per farti vedere qualcosa che c'era già, ma che forse non avevi notato.

Ogni anno, con crescente intensità, avvertiamo intorno a noi un senso di profondo disagio. Forse non te ne sei mai reso conto, ma questo disagio ci affligge personalmente ed interiormente, e non sempre ne siamo pienamente coscienti. Si tratta di un malessere che molto spesso aumenta in proporzione alla percezione dei confini che questo sistema ci ha costruito intorno. Anche se ognuno di noi ha un potenziale illimitato, siamo cresciuti convinti di poter fare poco oltre quello che è il nostro noto.

Per molti anni, anch'io ho creduto di essere vittima di un "sistema", in cui fantomatici carnefici si cibavano di me e si appropriavano di ciò che era mio.
Se adesso sono qui a scrivere, e se tu ora mi stai leggendo, è perché il sistema di cui ti ho parlato (e che conosci bene) in realtà è composto da singoli, da persone comuni come me e te, che hanno la possibilità e il compito morale di riconoscerlo e migliorarlo.

Se ci pensi bene non è così astratto ragionare sul fatto che sia io che te abbiamo già di *default* un potere, che esercitiamo quotidianamente. Il problema è che tanto meno ne siamo coscienti, tanto meno lo utilizziamo. Ciò che adesso sta permettendo sia a me che a te d'essere qui, non è altro che la voglia di conoscere e migliorare. Migliorare qualcosa, che siano i nostri pensieri, la nostra vita o, chissà, proprio questo sistema.

Non riesco a sentire cosa pensi, ma so cos'hai dentro, perchè è la stessa cosa che ho io: **Amore**.
Per te, per la tua famiglia e per il prossimo.
Anche se ci hanno convinti che l'essere umano è sempre pronto ad uccidere per soddisfare i propri bisogni, oggi devi essere d'accordo con me che, giorno dopo giorno, ci stiamo evolvendo sempre di più e che il livello di coscienza mondiale si sta elevando.

Ti basti pensare a quello che accadeva 500 anni fa, la morte era all'ordine del giorno e bastava, ad esempio, una parola fuori posto nei confronti del Papa per firmare la propria condanna.
Le cose sono poi migliorate, pensa a quello che accadeva nel mondo occidentale nei primi del '900.
La vita umana ha acquisito sempre più peso, la libertà di pensiero e parola finalmente ha avuto maggiore spazio.
Poi le due guerre mondiali, un capitolo triste della storia dell'umanità. Con la loro conclusione, qualcosa è cambiato profondamente nell'animo delle persone.
Negli anni '70, nonostante la fine dei conflitti mondiali, il nostro Paese mutò moltissimo: attentati e sparatorie erano

all'ordine del giorno, ci fu addirittura la necessità d'avere coprifuoco serali in molte città italiane.

Se pensiamo ad oggi, il miglioramento è tangibile, sotto ogni punto di vista. Non siamo ancora in grado di parlare di totale assenza di atti violenti, ma posso assicurarti che i reati di sangue sono diminuiti drasticamente: dal 1992 al 2017, in Italia, la quota di crimini violenti contro la persona si è abbassata da 1442 a 355 all'anno. Sono estremamente soddisfatto di questo, anche se penso che le cose possano migliorare ulteriormente.
Come? Risolvendo quel problema, non paragonabile ad una guerra, ma che rende la vita difficile a molti italiani: **LA DISOCCUPAZIONE**.
Ed insieme a te vorrei poter essere una parte attiva in questo miglioramento.

Nel mondo di oggi, siamo sempre più attenti alle esigenze e ai diritti degli altri, animali e natura compresi. Purtroppo però, non si può parlare della totalità delle persone, ci sono ancora individui dotati di uno scarso livello di coscienza. Questo tipo di coscienza li spinge a fare del male e a togliere qualcosa agli altri in favore dei propri bisogni.
Sono quelli che nel linguaggio di tutti i giorni chiamiamo

“stronzi” o “cattivi”.
Riflettendo su di loro, possiamo capire molto sulla società che ci circonda. Pensa a quelle persone che fanno del male agli altri e agli animali.
Pensa a quelle persone che in mezzo al traffico, per una stupidaggine, sono pronte a scendere dall’auto per picchiare qualcuno, rischiando in prima persona la loro incolumità.
Pensa a quelle persone che vedendo una situazione di pericolo, magari un incidente stradale, decidono di andarsene senza prestare soccorso ad un ferito.

Adesso voglio chiederti una cosa: secondo te, queste sono persone felici?
Sarà capitato anche a te di commettere una cattiva azione, prova a ricordarne una in particolare.
Ti ricordi in che stato eri? Sicuramente sofferente, arrabbiato o insoddisfatto per qualcosa. È proprio per questa ragione che spesso ripeto che non serve a nulla mandare all’inferno qualcuno che si è comportato male con noi, perché sono certo che questa persona, l’inferno, lo stia già vivendo dentro di sé.

Questa premessa mi è servita per far capire anche a te che non esistono “cattivi”, quel mondo che sembra esterno,

comprende anche noi, e può essere migliorato solo iniziando da noi stessi.
In questo libro mi sentirai parlare di società, sistema, lavoro, bugie… In realtà, non farò altro che portare alla luce dei fatti reali, che riguardano la cosa più importante che ci appartiene: IL LAVORO. Ciò che permette di esprimerci, di conoscerci, di sostenerci, di migliorarci e soprattutto di sentirci soddisfatti.

Non so quale sia la tua esperienza nello specifico, ma sono sicuro che avrai trovato nel tuo percorso molte cose che non ti sono piaciute o che non ti hanno permesso di avere ciò che volevi. Con questo libro potrai capire meglio cosa realmente non va e quali possano essere le azioni utili per migliorare le cose. Questo porterà un vantaggio diretto o indiretto anche nella tua vita. Un antico saggio diceva:

“cambia te stesso e cambierai il mondo.”

Se posso dirti la verità, io l’ho sperimentato in prima persona e funziona davvero! Quando mi stancai dei mille lavoretti che facevo, della mia routine e della mia vita, decisi di cambiare a qualsiasi costo, e da lì tutto ebbe un nuovo inizio.

Anche se questo libro ha un titolo molto provocatorio, in realtà lo sto scrivendo con l'intento di trasmettere molto di più oltre la mera polemica contro un sistema che vede lavoratori e imprenditori a confronto. Voglio farti entrare nei panni di entrambe le parti, partendo dalla mia esperienza personale, per mostrarti la realtà delle cose e, soprattutto, la soluzione.

Grazie alle conoscenze acquisite inciampando, sbagliando e riprovando, ho trovato la soluzione in grado di trasformare una vita di fallimenti in una vita di successi!
Si tratta di una soluzione utile per me e per tutte le persone che ho incontrato, l'unico requisito necessario al raggiungimento del risultato era (ed è ancora) la voglia di migliorarsi e migliorare il mondo circostante.

Quello che accadrà leggendo questo libro è che acquisirai ancora più coscienza della situazione in Italia, oltre le apparenze, riguardo la condizione lavorativa ed imprenditoriale reale. Chissà, magari riscontrerai delle similitudini con te stesso e con la tua vita. Di sicuro troverai la strada per migliorare la quotidianità, arriverai di fronte al bivio che condurrà te e le persone che incontrerai in seguito, alla realizzazione di qualcosa di importante.

In questo modo, indirettamente, cambierà il mondo! Iniziando dal nostro magnifico Paese, l'Italia, migliorerà la realtà che ci circonda, e finalmente saremo in grado di goderci i risultati che meritiamo.

Non sono il tipo che parla di etnie e fa discorsi di eventuali superiorità, ma nonostante ciò, ritengo che non tutte le popolazioni siano uguali. Credo che ognuna abbia le sue peculiarità, e nello specifico, ritengo che gli Italiani siano un popolo ricco di creatività e passione, con un enorme cuore. Per questo motivo ritengo che l'Italia e gli Italiani meritino molto di più di quello che hanno in questo momento, sia in termini economici, che in termini di serenità e soddisfazione.

Io e te, se lo vorrai, potremo fare in modo che questo processo di miglioramento si velocizzi, sai come? Continuando a migliorare noi stessi e ad aiutare gli altri.

Capitolo 1:
Ritratti contro Realtà

Ti è mai capitato di vedere il ritratto di una persona? Mettendo a confronto il ritratto e la realtà, nonostante la grande somiglianza, avrai notato comunque delle differenze, vero? Chi crea un ritratto, di solito, anche se involontariamente, fornisce un tocco personale a quell'immagine. Se prendi 10 pittori e chiedi loro di disegnare il ritratto di un soggetto reale o di una foto, otterrai 10 ritratti diversi, ognuno con al suo interno impresso il "carattere" del pittore. Dico questo per farti notare quanto un ritratto, anche solo per una questione di dettagli, sia diverso dalla realtà. Puoi notare questo effetto in maniera più evidente nelle "caricature". Le caricature sono essenzialmente ritratti di persone, con l'unica differenza che alcuni tratti vengono "caricati" volutamente dall'autore, al fine di dare a quel ritratto un "carattere" umoristico o satirico.

Secondo te, nel mondo che ci viene raccontato, potrebbero esserci delle distorsioni tanto evidenti da rendere qualcosa davvero differente dalla realtà? Purtroppo i media, di solito, non sono portatori di notizie rosa o di barzellette volte a suscitare ilarità, ma di fatti di cronaca nera. Puoi ben immaginare quali possano essere le conseguenze di questi ritratti modificati e, in certi casi, “caricati” dai media.

È per questo che vorrei trasferirti il modo in cui oggi vedo e vivo la società, se ci pensi bene, la metafora dei ritratti e delle caricature si può applicare in qualsiasi ambito della nostra vita. Devo fare una precisazione: affinché la realtà possa essere in qualche modo distorta o contaminata, ci dev’essere un osservatore tra te e l’immagine. Questo osservatore poi modifica o interpreta a suo piacimento l’immagine che ha visto, e la trasforma in racconto. Se ti affacci alla finestra e guardando in strada vedi delle macchine in colonna, la tua visione e la tua percezione saranno soggettive. Qualcuno potrebbe dire: “In strada non c’è nulla da vedere”, mentre qualcun altro, che magari abita in campagna, potrebbe vedere quella stessa strada come un inferno di traffico e caos.

Queste distorsioni della realtà sono a noi già ben note, ti ricordi il gioco del telefono senza fili? I partecipanti devono disporsi in fila, uno dei giocatori inizia il gioco bisbigliando una parola all’orecchio del suo vicino. Questo deve ripetere la stessa parola al giocatore successivo, e così via fino all’ultimo della fila, che ripete la parola ad alta voce. Già alla quinta o sesta persona, la parola riportata è spesso molto diversa da quella di partenza, a causa del combinarsi e sommarsi di errori successivi di interpretazione.

Si tratta di un esempio famoso nel mondo della comunicazione, utilizzato per riferirsi al modo in cui l'errore cumulativo deforma le informazioni via via che esse si diffondono, sia che esse passino di bocca in bocca (come nel caso dei pettegolezzi) sia che vengano trasmesse in modo più formale (per esempio dai mass media).

Vorrei che ora ti soffermassi su ciò che ci viene riportato dai mass media e dai social.
Sono sicuro che ti sarà capitato di sentire giornalisti riportare una notizia ingigantita o stravolta. Alcuni di loro, addirittura creano la notizia *ad hoc*, come un vestito cucito su misura per il messaggio che vogliono veicolare. Ovviamente non parlo della totalità dei media, ci sono giornalisti, giornali e mezzi di comunicazione validi e seri.

Ma da dove nasce questa "manipolazione" della realtà oggettiva? Molto spesso non accade per interpretazione personale o casualità, ma per convenienza di qualcuno. Quel qualcuno potrebbe essere il giornale stesso, che cerca di attirare l'attenzione con una notizia "bomba", mettendo in risalto gli aspetti negativi di un avvenimento, incorniciandolo con un titolo equivoco e frasi ad effetto. È ormai chiarissimo come l'essere umano sia per sua natura attratto dalle emozioni, che cerca sotto ogni forma e soprattutto senza fare sforzi.

Un esempio calzante di questa caratteristica, lo puoi avere ripensando a quando in autostrada si verifica un incidente. Non è strano trovare traffico intenso su entrambi i sensi di marcia, anche se ovviamente l'incidente si è verificato su una sola corsia. Ti sei mai chiesto perché? Le persone sono curiose di vedere cosa è accaduto di grave, provando dolore per il malcapitato che ha avuto il sinistro, e in seguito piacere per non esserne coinvolte.

A questo punto, vorrei mostrarti la soluzione al problema della distorsione dell'informazione. Sì, esiste una soluzione per scovare (in molti casi) la realtà, anche se rappresentata e modificata superficialmente da qualcuno. Starai pensando che posso aver fatto "la scoperta dell'acqua calda", e forse può anche essere così, ma il problema è che in Italia ancora molte persone stanno facendo la doccia con l'acqua fredda, credendo a tutto quello che viene proposto.

Il primo consiglio che mi sento di darti è quello di cercare una fonte certa dell'informazione e trovare qualcosa o qualcuno che la confermi. Capita spesso che media e associazioni "se la cantino e se la suonino", come dice un famoso detto romano.

Non posso star qui a dire come e perché accade, ma in Italia, come nel resto del mondo, ci sono molte stanze "con aria viziata". Non sto assolutamente parlando di complottismi vari, ma semplicemente di collusioni tra chi informa e chi muove pedine per i propri interessi. Nulla di diverso da chi vende aspirapolveri e racconta storie di decessi a causa della polvere non raccolta bene nelle case.

Io voglio parlarti di famiglia, società, relazioni e ovviamente lavoro, passando per aziende e Stato. Un altro consiglio utile e pratico che posso darti per avere una visione più chiara della realtà è quello di utilizzare i "NUMERI". Con loro non può esistere interpretazione, idea soggettiva o errore di qualunque tipo, ovviamente a patto che non vengano camuffati. Con i numeri non esistono opinioni e pareri, c'è solo una verità oggettiva anche più semplice da interpretare. Con i numeri possiamo facilmente creare una statistica, con essa uno o più grafici.

Passiamo a qualche esempio pratico: voglio mostrarti quanto è facile credere in qualcosa di molto diverso dalla realtà.

Visto che parliamo di lavoro, sono sicuro che sia nella tua mente, che nell'immaginario collettivo, ci sia l'idea che oggi siamo messi molto male riguardo questo argomento, inteso come occupazione e soprattutto come disoccupazione.
Questo perché i media pubblicizzano costantemente notizie che dipingono la situazione della disoccupazione in modo estremamente catastrofico e negativo, per di più senza specificare i numeri, i dati.
Nella migliore delle ipotesi, viene strumentalizzato un dato reale ma incompleto, che può far fare un quadro negativo a chi legge. Prova a ricordare qual è stata l'ultima notizia che hai letto sulla situazione lavoro in Italia.

Te ne do io una recente: "Disoccupazione in Italia oltre il 10% , oltre il 30% dei giovani sono disoccupati."
Questo è un dato che non può essere smascherato trovando un'altra fonte con numeri diversi, perché è basato su un dato oggettivo: c'è molta gente che realmente non lavora.
Ma anche senza andare a smentire i numeri, possiamo paragonare questo dato ad altri del passato, per crearci

una statistica. Potremmo anche andare a prendere dati e statistiche di altri paesi, ma ritengo inefficaci questi paragoni, considerando le molte variabili che entrano in campo se parliamo di altre nazioni, con situazioni e storie diverse.

Pensando quindi solo all'Italia, vorrei che adesso riflettessi sul fatto che il nostro Paese, oggi, viene dichiarato in profonda crisi del lavoro, con una disoccupazione fuori dalla norma, dando la colpa ad un'ipotetica crisi generale della nostra società. Nei capitoli successivi mi occuperò anche di questo argomento, la crisi. Questo modo di presentare il dato, potrebbe indurci a pensare che nel passato, la situazione sul fronte lavoro fosse migliore. Per applicare il consiglio che ti ho dato poco fa riguardo l'utilizzo dei numeri, e per far emergere la verità su quella che è la reale situazione del nostro Paese rispetto al passato, ti mostro qui di seguito una tabella che riporta il tasso di disoccupazione dal 1979 ad oggi. (Fonte Istat)

TASSO DISOCCUPAZIONE IN ITALIA DAL 1979 AL 2019. DATI ISTAT

* Il valore relativo al 2019 si riferisce a un'indagine del "Sole 24 Ore"

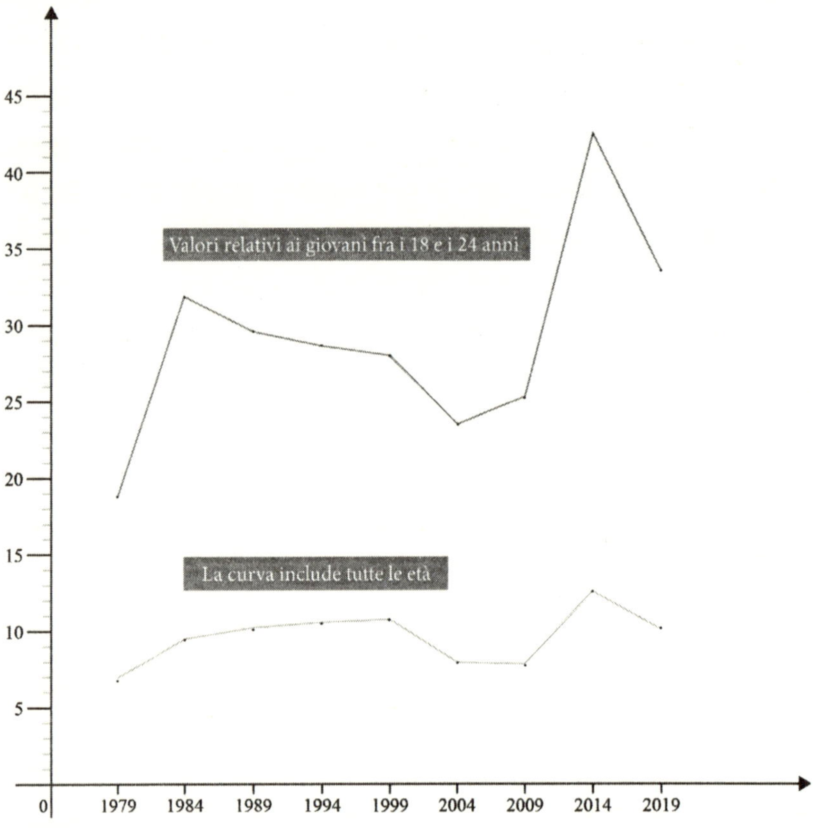

OCCUPATI E DISOCCUPATI: DATI RICOSTRUITI DAL 1979

L'Istat ha ricostruito le serie storiche trimestrali e di media annua dal 1979 ad oggi, dei principali aggregati del mercato del lavoro.

Tra il 1979 e il 2012 il numero medio annuo di occupati è passato da 19 milioni 511 mila a 22 milioni 899 mila. L'incremento occupazionale complessivo ha beneficiato in misura determinante della crescita della partecipazione femminile al mercato del lavoro. Il numero di donne occupate è aumentato da 6 milioni 150 mila a 9 milioni 458 mila, con un'incidenza sul totale degli occupati che è salita dal 31,5% al 41,3%.

L'andamento del tasso di occupazione negli anni si è articolato in diverse fasi: tra il 1977 e il 1980 risulta in crescita; seguono cinque anni di calo, nel corso dei quali il tasso di occupazione scende dal 54,6% al 53,3%; in moderato aumento tra il 1986 e il 1991 e di nuovo in forte riduzione — dal 54,9% al 52,5% — nei quattro anni successivi; in aumento tra il 1996 e il 2008 (dal 52,9% al 58,7%) e ancora in discesa fino a toccare il 56,8% nel 2012.

Il numero di disoccupati è cresciuto da 1 milione 340 mila del 1977 a 2 milioni 744 mila del 2012. L'incremento ha interessato sia la componente maschile (+863 mila) sia quella femminile (+541 mila).

Fasi alterne di crescita e di contrazione hanno caratterizzato anche il tasso di disoccupazione. Tra il 1977 e il 1987 il tasso è aumentato di 3,9 punti percentuali (dal 6,4% al 10,3%), mentre nei successivi quattro anni è stato registrato un calo fino all'8,6%. Dal 1991 al 1998 il tasso è tornato a crescere raggiungendo l'11,3% per poi calare nei successivi dieci anni toccando il valore minimo del 6,1% nel 2007. Dal 2008 il tasso è salito fino a portarsi al 10,7% del 2012.
Dal 2012 è stato un giro sulle montagne russe: 12,2% nel 2013, 12,7% nel 2014, per poi scendere di nuovo, con il 10,8% nel 2018 e il 10,3% di quest'anno.

Come hai visto i numeri variano, ma ruotano sempre intorno ad un valore più o meno costante, con qualche picco nei momenti oggettivamente più buoni a livello economico e di PIL.
Riportare un dato senza fornire una spiegazione del contesto, come fanno i media, è come dire che una temperatura di 38,5° equivale a febbre!
Ma di chi stiamo parlando? Contestualizzando la temperatura, riferendola ad un essere umano, possiamo dire con certezza che si tratta di febbre, ma se questa stessa temperatura fosse di un animale? Prendiamo ad esempio un cane. In questo caso, questi stessi 38,5° non equivarrebbero ad una situazione patologica nè potremmo parlare di "febbre".

Se oltre 2 milioni di italiani sono disoccupati non è detto che ci siano 2 milioni di problemi. Più avanti ti dimostrerò che una parte di disoccupazione è fisiologica, in proporzione al numero degli occupati. Dalla tabella che ti ho mostrato si evince anche questo, che sotto certi parametri non si è mai andati, nemmeno nei momenti in cui si credeva che l'Italia fosse all'apice di una crescita economica.
Pubblicare su un importante quotidiano il titolone: "Oltre 2 milioni di italiani non hanno un lavoro, record

di disoccupazione" non può far altro che suscitare un'emozione negativa nel lettore, che si sentirà sempre più impotente nei confronti di questa situazione. Se invece si sanno leggere e comparare i numeri, le possibilità di equivoci e fraintendimenti si riducono. A patto però che i numeri non vengano camuffati per scopi ben precisi, come dicevamo prima, con l'intento di far apparire una situazione ben diversa dalla realtà.

Se adesso ti interessa entrare nella realtà ed andare oltre i numeri che vengono riportati dai media o dai vari istituti di statistica, ti scrivo io qualche dato raccolto in oltre 20 anni di lavoro, con più di 100 aziende avviate e portate al successo, e più di 500 aziende di clienti assistite. Prima di iniziare a parlare di numeri, vorrei chiarirti un aspetto importante che non viene menzionato spesso: quando si parla di disoccupazione, si tende a fare "di tutta l'erba un fascio."

È bene, invece, fare delle precisazioni:

Per prima cosa, in ogni paese industrializzato con aziende post rivoluzione industriale (cioè organizzate con manodopera subordinata), ci sarà sempre una minima parte di persone disoccupate, considerando che ci sono diverse condizioni e situazioni in questo settore.

Tra chi ha un contratto a tempo determinato e chi dà le proprie dimissioni, esiste sempre un certo periodo di tempo tra la fine effettiva e l'inizio di una nuova collaborazione. Le persone in questa condizione non le chiamerei nemmeno "disoccupate" ma "temporaneamente inoccupate".

Mi preme precisare che tra i disoccupati ci sono minimo tre categorie:

- Quelli che cercano lavoro;
- **Quelli che cercano lavoro e pregano Dio di non trovarlo;**
- Quelli che non lo cercano proprio.

Quest'ultima categoria è formata da moltissimi ragazzi sotto i 35 anni.

Ovviamente questo non viene specificato nelle notizie sulla disoccupazione, quelle dai "titoloni" di cui parlavamo prima. Vengono scritte pagine e pagine sull'argomento, anche su testate giornalistiche di tutto rispetto, ma quasi nessuno si impegna nella ricerca della verità. Moltissimi descrivono il momento drammatico dei lavoratori o dei disoccupati italiani, senza spiegare, dati alla mano, le motivazioni per le quali si è creato questo divario. Questa riflessione per alcuni sarà ovvia, per altri sorprendente, ognuno vive la propria realtà con esperienze diverse. Chi ha cercato più volte un'occupazione, trovando poco o nulla, avrà difficoltà a credere che alcuni fingano di cercare e altri non cerchino proprio lavoro. Purtroppo questa è una triste realtà e più avanti ne individueremo le cause.

Chi, come me, ha cercato personale per la propria azienda o per quella che rappresenta, avrà sicuramente avuto a che fare con questa tipologia di persone. Sai come riconoscere una persona che non sta realmente cercando lavoro? Ti do un indizio, è davvero semplice: è qualcuno che fissa appuntamenti per colloqui ai quali non si presenta.
Ho raccolto personalmente qualche dato in merito, che ti farà avere un quadro più preciso su cosa accade davvero nelle aziende.

I cosiddetti "no show", sono quelle persone che fissano l'appuntamento per un colloquio e poi non si presentano. A Roma oltre il 50%, (a volte anche il 70%), delle persone non si presenta al colloquio e non avvisa l'azienda. A Milano la percentuale scende: i *No Show* sono circa il 30-40% degli appuntamenti presi. Ho realizzato questa statistica riferendomi a diversi settori, su un campione di oltre 6000 colloqui fissati tra il 2013 e il 2018, con un peggioramento costante di anno in anno. Quando parliamo di disoccupazione nazionale giovanile, (quel famoso 30%), credo sia il caso di valutare anche questo aspetto. È doveroso dire che ci sono moltissime altre persone che realmente cercano lavoro e hanno difficoltà a trovarlo. Suddividerei ulteriormente questa categoria in altre due sottocategorie: la prima formata da chi è davvero intenzionato a cercarsi un lavoro ed è preparato alla ricerca, la seconda composta da gente di buona volontà che purtroppo è impreparata. Per "impreparazione" intendo l'incapacità di creare ed inviare un CV in maniera corretta, di sostenere un colloquio ed infine di approcciarsi al lavoro stesso.

Per questa categoria di "impreparati" ho creato degli eventi, in alcuni casi gratuiti, dove spiego la visione reale del mondo del lavoro, vista con gli occhi di un imprenditore. Uno degli obiettivi principali di questi eventi è trasmettere un metodo vincente, che aiuti le persone a valorizzarsi in modo corretto nel mercato del lavoro.
Ho maturato questa volontà di aiutare lavoratori e imprenditori dopo aver vissuto e risolto a fatica le mie personali difficoltà, e dopo aver capito che

aiutare è il dovere di ognuno di noi, soprattutto di chi ha già risolto i propri problemi.

A mie spese, ho capito che ciò che non funziona in questo mercato (oltre all'incrocio domanda/offerta), è la preparazione del capitale umano.
Ovviamente non sono solo dalla parte del lavoratore, ma anche da quella dell'imprenditore. Soprattutto a quest'ultimo sono rivolti i miei sforzi, perché so che se aiuto gli imprenditori ci saranno ancora più posti di lavoro, ci saranno stipendi migliori, ci saranno servizi migliori e questo Paese sarà migliore!

Siamo tanto grandi quanto inconsapevoli della nostra grandezza.

Ritengo che una delle cause maggiori della disoccupazione (dopo la mancanza di volontà), sia l'impreparazione. In Italia siamo indietro nel campo della formazione nel lavoro, nel business e nella cultura finanziaria. Il basso livello d'informazione di molti percorsi accademici, gioca un ruolo fondamentale in queste carenze. Non c'è nessuno che formi i ragazzi sul mercato occupazionale, tantomeno sulla gestione del denaro, ma questo è un altro argomento che tratteremo più avanti.
Da imprenditore ti dico che nelle mie aziende riceviamo oltre 2000 CV al mese e meno del 5% viene compilato ed

inviato in forma corretta.
Dall'invio di un'email di candidatura senza oggetto, ad un CV allegato tramite una foto, passando per email inviate senza alcun testo.
Riesci a immaginare quanto sarà difficile per queste persone trovare lavoro? E quanto sarà ardua l'impresa di chi si occupa delle risorse umane nel reclutare personale competente?
Sono d'accordo con il detto "a tutto c'è rimedio", basta applicarsi in qualcosa per trovare una soluzione, ma è importantissimo ribadire che

alla base ci dev'essere la volontà.

Per un imprenditore preparato, oggi, l'ostacolo maggiore alla crescita esponenziale non è il capitale economico o il produrre utili, come si crede nell'immaginario collettivo. La vera "sfida" è trovare del capitale umano con cultura del lavoro. Mi trovo in una situazione del genere da anni, e sono consapevole che ogni anno diventa più difficile!

Ti invito a fare una ricerca sul web: scoprirai che non sono l'unico ad avere questo problema, molti, come me, sono costretti a rallentare la crescita dell'azienda per mancanza di risorse. Ovviamente, nei social e nei mass media, la notizia più diffusa non è questa, ma la carenza di lavoro e la disoccupazione dilagante. Ti ricordi quando ti parlavo di manipolazione delle informazioni? Ritratti contro Realtà!

RIASSUNTO CAPITOLO 1:

- **Non tutto quello che vediamo è REALTÀ;**
- **I numeri VERI ci possono aiutare;**
- **La disoccupazione attuale non è un RECORD;**
- **Tra chi non lavora, c'è chi non ha voglia di farlo;**
- **Tra chi cerca REALMENTE lavoro ci sono molti IMPREPARATI;**
- **C'è soluzione a tutto, basta avere VOLONTÀ.**

Capitolo 2:
Art. 1 Il lavoro

Partiamo da quelle che sono le informazioni che in questo momento vengono divulgate dai media riguardo il lavoro in Italia:
"I disoccupati in Italia sono ben 2 milioni e 705 mila, mentre, i giovani (15-24 anni) senza un impiego sono il 33,5% e altri 3 milioni sono quelli che hanno smesso di cercare un'occupazione."

Nel precedente capitolo ho parlato di "realtà distorta", di dati inventati e statistiche manipolate per fare notizia o per interesse, ma in questo caso la notizia non è falsa. Non recita "disoccupazione da record" et similia, ci sono dei numeri e sono numeri reali. C'è molta gente che non ha lavoro, tra cui molti giovani, verissimo, ma prima di analizzare il dato e definirlo "catastrofico" bisogna porsi una domanda fondamentale: "Le persone disoccupate, cioè che non lavorano, stanno tutte cercando lavoro?" La statistica, comunicata senza questa precisazione, potrebbe indurre il lettore a credere che tutti i disoccupati siano in difficoltà, a causa della ricerca matta e disperata di un'occupazione

lavorativa. Più avanti mi dilungherò su una spiegazione in merito, ma ho ritenuto utile evidenziare questo aspetto per dimostrarti quanto sia semplice condizionare il pensiero di un Paese con notizie imprecise e tendenziose.
In questo capitolo, prima di tutto, vorrei soffermarmi con te su una domanda importantissima:

Che cos'è il lavoro in Italia secondo la nostra Costituzione?
Cosa rappresenta per l'individuo?

L'Italia è una Repubblica democratica fondata sul lavoro, e la sua Costituzione sancisce che: "La Repubblica riconosce a tutti i cittadini il diritto al lavoro e promuove le condizioni che rendano effettivo questo diritto. Ogni cittadino ha il dovere di svolgere, secondo le proprie possibilità e la propria scelta, un'attività o una funzione che concorra al progresso materiale o spirituale della società".

Affermazioni molto importanti che molto spesso vengono fraintese. Analizziamole adesso in modo corretto:

- La Costituzione sancisce un **diritto al lavoro**, ma anche un **dovere al lavoro**;

- Si utilizza il verbo "promuovere" ed il soggetto che deve farlo è la Repubblica, cioè tutti noi, quindi spetta anche ad **ogni singolo cittadino** prendersi **la responsabilità** di promuovere condizioni per poter esercitare il diritto di lavorare e **di essere proattivo** nei confronti di questo diritto;
- Quando si introduce il concetto di "dovere" al lavoro, si fornisce allo stesso tempo la libertà di farlo secondo "le proprie possibilità e la propria scelta", quindi anche in questo caso si sottolinea implicitamente la **necessità che ogni singolo cittadino abbia un progetto di lavoro** che sia il risultato di una valutazione e di una scelta di quello che può fare e di quello che vuole fare;
- Si esplicita che l'utilità del lavoro è di contribuire al progresso, quindi al miglioramento continuo, sia a livello materiale che spirituale, e quindi si evidenzia implicitamente come il lavoro abbia anche un **impatto trasformativo sulla singola persona,** sia nella sua sfera materiale che spirituale (o potremmo anche dire interiore, emotiva ed affettiva).

L'uomo, sia a livello conscio che inconscio, cerca di continuo di migliorare la propria esistenza e di realizzarsi autonomamente. Personalmente, ho avuto modo di capire che non è un desiderio assoluto di ogni individuo esistente, ma facciamo finta, per un attimo, che sia un istinto o una tendenza generale. Cosa si intende per "realizzazione personale"?

Potremmo stilare un elenco interminabile di condizioni essenziali che avvicinano l'uomo alla sua realizzazione, ma ciò che più conta in questa lista infinita, ciò che io, Leonardo, metto al primo posto, è il lavoro.
Ognuno di noi ha bisogno continuamente di soddisfare i propri bisogni e, di questi bisogni, il denaro è l'ultimo che ci viene in mente.

Quando facciamo qualcosa, qualunque cosa, manifestiamo il nostro essere. Sin da bambini, i giocattoli con cui giocavamo, gli oggetti che ci interessavano, le prime parole che abbiamo emesso, erano manifestazioni del nostro essere. E con esse tentavamo di migliorare o creare un qualcosa, a modo nostro. Pian piano, crescendo, lo studio e il lavoro si sono sostituiti al gioco. In questo processo noi siamo rimasti gli stessi, ma gli elementi sono aumentati.

Il confronto con il sociale, ad esempio, da bambini non ci interessava affatto. È solo crescendo che si inizia a sentire il

peso del giudizio degli altri e, soprattutto, del nostro.
Un altro elemento aggiunto nel corso del tempo è il denaro, abbiamo scoperto che ogni cosa ha un prezzo e che i soldi non piovono dal cielo. Nonostante le difficoltà, la nostra voglia di manifestarci e realizzarci non è scomparsa, anche se esistono persone che la reprimono.
In questo bisogno ancestrale di realizzazione, il lavoro ha un ruolo fondamentale.

Nell'esecuzione della propria attività "lavoro", l'individuo trova diversi modi per raggiungere l'autorealizzazione, anche se è doveroso dire che per alcuni rappresenta un'utopia. Solo con il lavoro, l'uomo capisce quant'è importante la sua opera nel mondo, e attraverso il suo impegno verso l'esterno il suo lavoro avrà effetti anche sulla sua interiorità. È sempre attraverso il lavoro che ci si mette alla prova, ci si misura e si migliora. Ogni lavoro ha le sue sfide quotidiane e le sue opportunità e l'individuo, attraverso esse, conosce parti di sé e dei suoi limiti. La crescita e l'evoluzione di un individuo rappresentano proprio l'oltrepassare quei limiti.

Quello che ti sto dicendo non tiene conto del tipo di lavoro o del ruolo che ha un individuo, è una considerazione che vale sia per il "mega imprenditore" che per il lavoratore appena assunto nello scalino più basso di un'azienda. Potresti, nel corso della tua esistenza, aver giudicato il tuo lavoro (o quello altrui) poco importante o insignificante. Sai cosa ho imparato, grazie all'esperienza?

Non è ciò che fai che identifica chi sei, ma COME lo fai!

Uno spazzino, che ha pulito una strada e l'ha resa migliore, potrebbe sentirsi più soddisfatto di un grande imprenditore che gestisce la sua azienda senza percepirne lo scopo ed il risultato.

L'istinto di ogni essere umano (come avrai sicuramente riscontrato sulla tua pelle) è quello di dare un contributo, di fare qualcosa che migliori una situazione precedente. Poco importa se hai tanti stipendi da pagare e famiglie da sostenere o se sei un operatore ecologico, se produci prodotti di largo consumo o fai l'impiegato. Puoi sentirti soddisfatto in ogni circostanza del contributo che hai apportato alla società. Il livello di soddisfazione personale dipende molto da come viene svolto un lavoro e dall'intento. Potresti dubitare dell'esempio sull'operatore ecologico, ma pensaci bene, quanto è bello (e soprattutto misurabile), arrivare in un posto sporco e poi andare via dallo stesso posto, pulito e ordinato? Se ti è capitato di fare qualcosa di simile e non aver avuto piacere, è semplicemente perchè ti hanno insegnato a non averne. Questa società molto spesso ci vuole convincere di cosa è bello e cosa no, di cosa ci deve piacere e cosa no. Ma come hai sentito nel tuo cuore dopo le mie parole, anche un semplice gesto o un lavoro "banale" può arricchirci dentro e arricchire altre persone. Pensa a tutte quelle persone che percorreranno la strada di cui parlavamo poco fa, come si sentiranno trovandola pulita e in ordine?

Una storia vera

In un autogrill sull'autostrada A1, un'anziana signora si occupava della pulizia dei bagni.

Sola e senza molto altro a cui pensare, si rendeva utile per la società, portava degli asciugamani profumati per i camionisti stanchi e desiderosi di una doccia, lasciava una gran quantità di saponi, profumi e prodotti per il corpo, puliva lo spogliatoio ed i bagni (normalmente maleodoranti e sporchi) meglio di quelli di una casa di una casalinga meticolosa.

Questa signora, piccolina e con i capelli bianchi, aveva un

modo di fare con le persone che usufruivano dei bagni, che ricordava una nonnina che accoglie i suoi nipoti a casa dopo la scuola. Era cordiale, premurosa e amorevole.
Tra i camionisti si era sparsa la voce di questa nonnina che riempiva di attenzioni i suoi "nipoti stanchi", e di questo luogo piacevolmente curato, dove i piccoli dettagli (e soprattutto l'amore) facevano la differenza.

L'autogrill in questione era diventato un punto di riferimento per tutti quei viaggiatori che per lavoro erano costretti a percorrere km e km lontani da casa.
Molti addirittura facevano delle deviazioni sul percorso per fermarsi lì. La gentilezza dell'anziana signora e la passione che metteva nel suo lavoro, andando oltre quelli che erano i suoi compiti, donavano un valore aggiunto a quei viaggiatori e all'intera struttura, che vedeva i suoi incassi aumentare.

I camionisti si sentivano come a casa, gli asciugamani puliti e i prodotti che la signora prontamente forniva, davano un senso di calore umano e di cura che difficilmente avrebbero trovato altrove.
La signora continuò con il suo lavoro anche dopo la pensione, fino al giorno in cui morì.
Da quel momento in poi, le giornate dei camionisti

peggiorarono e in molti si resero conto di quanto un gesto così piccolo fosse importante per il benessere della comunità intera.
Incredibilmente anche i numeri di quell'area di servizio diminuirono, fino a tornare a quelli che la media nazionale dettava. Questa storia e molte altre che hai notato o noterai, dimostrano quanto realmente possiamo essere utili ed importanti nella nostra vita, al di là di ciò che facciamo.

Un'altra storia vera

Allontanandoci dal territorio italiano, arrivando negli Stati Uniti, abbiamo un esempio totalmente diverso. Una persona che ricopriva un ruolo molto più "importante" rispetto a pulire bagni in un autogrill, ha tolto valore al mercato e a sè stesso, svolgendo il suo lavoro non solo in maniera approssimativa ma anche disonesta, poichè spinto da avidità e prepotenza.

Hai mai sentito parlare dell'*Uomo più cattivo d'America*? Per correttezza non farò nomi, ma ti basta una semplice ricerca sul web, per scoprire la storia di un imprenditore che non ha saputo apprezzare quanto ricevuto dalla vita, e che ha deciso di canalizzare le sue energie per speculare in modo disonesto sulla salute delle persone. Questo giovane imprenditore, una mente davvero fuori dal comune per intelligenza e senso degli affari, a soli 20 anni è riuscito ad aprire varie aziende di sua proprietà e ad affermarsi come finanziere, arrivando a gestire, pochi anni dopo, alcune importanti case farmaceutiche americane.

Dopo aver acquisito l'ennesima azienda del settore, in un moto di cupidigia, ha alzato del 5000% il prezzo di un famoso medicinale salvavita, utilizzato per la cura dei sintomi di tumori e AIDS. Grazie a questa mossa discutibile, si è garantito le luci della ribalta dei giornali statunitensi, che, facendo ricerche accurate, hanno trovato diverse frodi di cui è stato protagonista negli anni.

Attualmente sta scontando la pena in carcere, dove continua a gestire le sue imprese, licenziando amministratori e dirigenti, secondo lui colpevoli della sua condizione. In una delle udienze per i numerosi crimini di cui è stato imputato, ha passato tutto il tempo a piangere e ad autocommiserarsi, dando la colpa di ciò che gli era capitato alla sfortuna.

La differenza tra le due storie

Da una parte abbiamo una donna umile, che ha dato senso alla sua esistenza dando il 100% nel suo lavoro, preoccupandosi dell'essere umano oltre il mero cliente, ricevendo gratificazioni dal punto di vista emotivo per la differenza che è riuscita ad apportare alla vita di sconosciuti. Dall'altra abbiamo un esempio di cattiva gestione di ogni tipo di capitale, da quello economico a quello umano, dove il protagonista, in preda al suo ego, ha distrutto la sua vita e impattato negativamente nel mondo.

La differenza tra la donna e il giovane imprenditore sta nelle intenzioni: la spinta che li ha motivati nello svolgere il proprio lavoro è diversa. L'anziana signora non ha agito solo per profitto o dovere, ma guidata dal suo cuore, e questa spinta l'ha fatta sentire soddisfatta, considerata e amata.
È proprio questo lo scopo più profondo del nostro lavoro, ovviamente partendo dal presupposto che lo si fa per guadagnare, altrimenti sarebbe beneficenza.

"Repetita iuvant" dicevano i latini, per questo motivo torno su un concetto importante, che vorrei facessi tuo:

il lavoro è molto più che percepire uno stipendio.

Ciò che fai non è importante, ma l'attenzione deve

andare tutta su come lo fai, solo così riuscirai a sentirti appagato e fiero. Un ultimo appunto, davvero rilevante: renditi consapevole che la tua autorealizzazione passa inderogabilmente attraverso il lavoro. Chi non lavora, anche se apparentemente non ne sente la necessità (economica o di altro tipo), rischia di cercare per altre vie una soddisfazione ed un'autorealizzazione che non troverà.

RIASSUNTO CAPITOLO 2:

- **La disoccupazione attuale non è molto distante dai valori del passato, non parliamo di una "crisi attuale";**
- **La nostra Costituzione non parla solo di "diritto al lavoro" ma anche di "dovere";**
- **Per l'individuo, il lavoro è molto più del semplice "guadagnare denaro";**
- **Ogni essere umano, nella propria vita, cerca costantemente l'autorealizzazione;**
- **Il lavoro è l'unica via per autorealizzarsi;**
- **Non è ciò che fai che identifica chi sei, ma COME lo fai;**
- **Se non ti autorealizzi nel tuo lavoro cercherai altre vie, in cui potresti investire tempo e denaro senza trovare ciò che davvero cerchi.**

BONUS 1:

STATISTICHE SUL LAVORO

http://www.leonardoleone.net/bonus_libro_1

Capitolo 3:
La disoccupazione

Che cos'è

Per spiegare che cos'è la disoccupazione dobbiamo capire da cosa è composta. Per semplificare, potremmo dire che la disoccupazione rappresenta la quantità di persone che non lavora. È giusto però precisare che in ogni momento, paese ed economia, esiste un **tasso naturale di disoccupazione.** **Il tasso naturale di disoccupazione** è il tasso di disoccupazione medio attorno a cui tutta l'economia fluttua. Anche in un momento di boom economico, ci sarà un tasso di disoccupazione superiore allo 0. Questo perché in ogni momento ci sono persone che perdono il lavoro, per scelta personale o per un licenziamento, e nello stesso momento ci sono persone che lo trovano. Questo perpetuo flusso determina la quota di forza lavoro che è disoccupata. Ovviamente, per ridurre il tasso naturale di disoccupazione dovrebbero diminuire i licenziamenti o aumentare le assunzioni.

La mia esperienza

Come avrai letto nella copertina di questo libro, sono

dell'idea che la disoccupazione non esista. La mia vuole essere un'affermazione provocatoria, in realtà vorrei fare luce sul fatto che alcuni disoccupati di oggi sono in una situazione temporanea, per alcuni volontaria. Una considerazione che ho già fatto nel primo capitolo, è che il ritratto che viene fatto dai media in merito non rispecchia completamente la realtà. Potresti anche pensare: "Eh Leonardo, ci sono anche i numeri dell'ISTAT, parliamo di realtà." Spero di averti trasmesso, nei capitoli precedenti, informazioni tali da toglierti dalla mente questa falsa credenza. Nel ritratto descritto dalla fotografia ISTAT, mancano un po' di elementi. Prima di tutto, come dicevamo, passa un messaggio fazioso, che parte proprio dalle parole utilizzate: **"DISOCCUPAZIONE"** suona come se fosse una patologia, un male incurabile e pericoloso. Rifletti un attimo:

ogni disoccupato non è altro che una persona temporaneamente non occupata

e questo stato di "non occupazione" avrà una durata inversamente proporzionale alla volontà del singolo individuo di trovare una nuova occupazione.

Mi auguro che con la diffusione di questo libro,

nell'immaginario collettivo cambi la proiezione mentale (errata) che vede la disoccupazione come una malattia che, di tanto in tanto, affligge persone su e giù per il Bel Paese. Soprattutto "giù", se vogliamo essere sinceri. Ok, adesso la tua mente critica starà facendo le bizze, posso immaginarlo. Vuole metterti in allerta su cosa sto per dire. Riesco quasi a sentirla:"Leonardo, cosa dici? Ci sono migliaia di persone senza lavoro ed in difficoltà!" e ancora: "Eccone un altro che parla male del Sud Italia!"

Andiamo con calma: ci tengo davvero che tu capisca a pieno il mio punto di vista e come sono arrivato a certe conclusioni. Partiamo da qualche importante precisazione: non mi schiero con fazioni politiche, mi astengo dal parlare di politica e non faccio parte degli schieramenti "per il Nord" o "per il Sud", mi piace considerarmi sempre dalla parte dei giusti, pronto a lottare contro le ingiustizie. Questo libro serve proprio a questo, informare le persone e trovare alleati per migliorare le cose, aiutando chi si sente solo e privato di ciò che davvero merita. L'unica lotta a cui mi interessa partecipare è quella contro chi non vuole informare, chi è interessato solo al profitto, a dare a sé stesso danneggiando gli altri.

Chiaramente rispetto chi legge, parla o semplicemente spinge bottoni davanti ad un pc, per farci avere statistiche e indagini di mercato. Credo ormai sia chiaro che i miei valori e il mio sistema di credenze sono stati costruiti grazie all'esperienza e al vissuto personale. Ho sofferto molto e soffro ancora, come uomo, nel vedere gli altri stare male.

Da questo dolore puoi intuire lo scopo dei miei libri e dei percorsi formativi che ho creato in questi anni. Aiutare le persone, fare del bene, condividere, sono cose che vanno oltre l'obiettivo di crescere come imprenditore. È un'altra missione. Lavorativamente parlando, in più di 20 anni che opero nel mercato italiano come imprenditore, ho lanciato oltre 110 aziende e ho assistito la fase di start-up di più di 500. Attualmente ho 260 dipendenti e nel corso degli anni, direttamente e con il mio gruppo imprenditoriale, ho fatto più di 20.000 colloqui di lavoro. Abbiamo scrutinato oltre mezzo milione di CV, ho conosciuto in maniera diretta il tessuto sociale e lavorativo di 14 città italiane, tra cui, ovviamente, anche quelle nel Sud Italia. Questa è la mia esperienza.

Scrivo questo per certificare alla tua mente critica la motivazione per la quale faccio certe affermazioni, parlo

per il mio vissuto, non per sentito dire. Ora che ti ho spiegato il mio punto di vista, vorrei farti capire meglio il problema e le possibili soluzioni. Questa è una delle cose che mi differenzia dagli altri, scrittori, politici o personaggi, miro sempre alle soluzioni e poco alle colpe e alle polemiche.
Ho imparato che chi vuole veramente lavorare, un lavoro lo trova sempre. Per questo mi permetto di affermare che la "disoccupazione" non è una malattia incurabile per cui le persone colpite devono rimanere in attesa di un miracolo.

L'unica variabile reale che si presenta per la ricerca di lavoro è il "tempo".

Ci sono lavori che puoi trovare in pochi giorni, altri per cui serve più tempo. Si potrebbe creare una statistica per ogni tipo di lavoro e di momento in cui si cerca, ma per semplificare possiamo distinguere prima di tutto il lavoro per livelli di retribuzione. Lo "stipendio" è il reale ostacolo che aumenta proporzionalmente all'importo dello stesso. Un lavoro full time con paga sindacale tra i 1000 ed i 1100 euro al mese, è molto più semplice da trovare rispetto ad un lavoro retribuito oltre i 3000€. Si possono considerare alcune giuste eccezioni tra i lavori che si stanno estinguendo, come artigiani, calzolai ed ebanisti, oppure lavori altamente specializzati in cui c'è scarsità di professionisti. I programmatori informatici o i saldatori qualificati per le leghe, altro esempio, hanno stipendi che partono dai 2500€ al mese.

Ovviamente, per trovare lavoro potresti dover accettare dei compromessi, come svolgere lavori che non ti piacciono, lontani da casa o che non sono remunerativi come desideri. Quello facile da trovare è il lavoro base di qualsiasi settore, a cui consegue una paga base. Potresti fare dei turni o avere degli orari non molto comodi. Ti faccio qualche esempio? Vorrei mostrarti, con gli occhi di un imprenditore, cosa succede realmente nelle aziende. Nelle mie aziende. Mentre scrivo, ho più di 40 annunci pubblicati per la ricerca di altrettante figure da inserire nelle mie attività, e conto di raddoppiare questo numero nel prossimo anno. Ti stupirà sapere che sono anni che ho fuori annunci per la ricerca di personale. Non ricordo un mese, da 15 anni a questa parte, in cui non sono stato alla ricerca di collaboratori, questo per 2 motivi abbastanza semplici:

1. Sono in costante crescita;
2. Ho difficoltà a trovare personale.

Ho diverse aziende in vari settori e posso dirti con estrema sincerità che ci sono lavori che gli italiani non vogliono più fare. Cosa che ritengo anche giusta, perché è sacrosanto cercare di migliorarsi costantemente, iniziando dalle condizioni lavorative, passando per quelle economiche. È importante essere soddisfatti a livello personale, relazionale, sociale ed economico. Trovo ingiusto, in questo caso, lamentarsi della mancanza di lavoro o del troppo tempo impiegato per trovarlo. Ovviamente ogni caso andrebbe valutato singolarmente, secondo le reali necessità che si hanno di percepire uno stipendio. Ed è proprio per questo che trovo sbagliato e poco utile parlare di impossibilità al lavoro e disoccupazione.

Nei miei ristoranti siamo sempre in cerca, con annunci frequenti sulle maggiori piattaforme online, di ogni ruolo, e le difficoltà maggiori si riscontrano nel reperire personale in cucina. Il lavapiatti per esempio, retribuito con paga sindacale, non lo vuole fare quasi nessuno. Ringrazio gli immigrati dal Bangladesh sia perché accettano anche quei posti denigrati da molti italiani, sia perché ricoprono qualsiasi ruolo con estrema passione e precisione. Nella loro filosofia del lavoro e di vita c'è il piacere di fare le cose con serenità e leggerezza.

Vogliamo parlare di qualche altra figura che non riesco a trovare? I consulenti commerciali! Proprio loro che hanno possibilità di guadagno stratosferiche! Quante volte mi sono sentito dire dai candidati "non sono adatto alla vendita" o "non mi interessa un lavoro simile"! Continuo con gli esempi? Possiamo parlare anche di estetiste, parrucchiere, operai edili, segretarie operative, commerciali di direzione... Potrei scrivere un altro libro raccontando solo cosa cerco e cosa non trovo, ma immagino tu abbia già capito cosa intendo. Ormai ti sarà chiaro che

chi oggi non lavora, non è affetto da un male incurabile e incontrollabile.

Voglio illustrarti una situazione tipo: pubblichiamo un annuncio, riceviamo CV, selezioniamo CV, chiamiamo CV selezionati e prendiamo appuntamenti (e già qui si trovano resistenze nel prendere l'appuntamento).
Al colloquio, in media, si presenta il 50% delle persone e di regola, nessuno (o quasi) avvisa che non si presenterà. E purtroppo non finisce qui! Tra le persone che poi si presentano al colloquio, c'è una buona parte che vanta pretese a dir poco assurde per un primo colloquio di lavoro e per una persona che cerca realmente un'occupazione.

C'è chi non desidera lavorare alcuni pomeriggi o in certi orari per poter praticare sport e andare in palestra, chi non vuole spostarsi troppo lontano, chi non vuole lavorare nel weekend... Evito ogni ulteriore forma di commento su questi episodi, lascio a te l'opportunità di pensarci su. È chiaro che ognuno di noi desidera il lavoro giusto, al posto giusto, con orari comodi e uno stipendio il più alto possibile, ma perché questo accada bisogna essere nella condizione di scegliere, avendo già un lavoro che ti sfami e ti risolva i problemi primari di una sopravvivenza dignitosa.

Come mi piace ripetere, oltre a chi non cerca lavoro, c'è anche chi lo cerca, ma prega Dio di non trovarlo. Questo ovviamente non significa che nessuno sia realmente interessato a lavorare, ma spiega l'esistenza di diverse tipologie di persone di cui ti parlerò più avanti.
Quando parlo di persone che cercano lavoro e pregano di non trovarlo, mi riferisco a quelle persone che inviano CV per rassicurare la coscienza o un genitore, o che pretendono troppo, rispetto a ciò che possono ottenere, o che in realtà hanno poca voglia di lavorare e di impegnarsi.

Se sei un imprenditore o vuoi diventarlo, vorrei darti un paio di indizi per capire subito di che individui parliamo:

li riconoscerai facilmente quando non si presenteranno all'appuntamento, oppure quando detteranno più condizioni di te, mettendo dei limiti o vantando delle richieste, ancor prima di aver ricevuto tutte le informazioni riguardo la possibile collaborazione. Troverai anche qualcuno "mascherato", della cui scarsa voglia di lavorare, imparare e migliorare, ti accorgerai solo in seguito. In questo caso il problema è ben più grande! Una volta firmato il contratto di assunzione, hai perso quasi tutte le possibilità di scegliere e di tutelarti. Se non sei mai stato un imprenditore e non hai intenzione di diventarlo, prima di giudicare queste informazioni, lasciati mostrare il quadro completo. Quando dico che un imprenditore non può tutelarsi parlo con cognizione di causa e, come sempre finora, per esperienza diretta.

In Italia esiste un'estrema tutela per il lavoratore, ma non per l'imprenditore.

Questo non solo non fa bene agli imprenditori, ma genera conseguenze anche per i lavoratori, che si troveranno davanti una classe dirigente meno serena e meno capace di poterli sostenere. Ci saranno sempre meno imprenditori poichè molti si arrenderanno dopo le molteplici difficoltà, complicazioni e lungaggini burocratiche a cui sono sottoposti quotidianamente.

Vuoi un'ulteriore verifica delle mie parole? Ricerca tu stesso quante associazioni e sindacati esistono per i lavoratori dipendenti e quante non ne esistano per gli imprenditori. Questo non dipende dal numero di individui che compongono una classe o l'altra, a sottoscrivere un accordo o un contratto si è sempre e solo in 2: lavoratore e imprenditore. Ed entrambi hanno il diritto di essere tutelati.

Ti riporto l'esempio di un imprenditore che si trova in azienda un lavoratore improduttivo e in seguito nocivo, sia per l'azienda che per i colleghi, perchè magari rallenta il ritmo lavorativo di chi ha un ruolo strettamente collegato a lui. Sai che non avrà la possibilità di poterlo licenziare a sua discrezione? I buoni elementi sono i primi a lasciare l'azienda se sentono il rapporto tra le due parti incrinato. Esiste però una categoria di persone che ricerca di continuo la contestazione. Sono quelli che si fingono malati ed inviano certificati di medici compiacenti, o che impugnano una lettera di richiamo e la utilizzano come scusa per portare avanti un lavoro in maniera approssimativa e insufficiente. In pochi considerano quanto può impattare negativamente la cattiva condotta di un singolo all'interno di un organico. Posso assicurarti che può avere effetti deleteri. L'imprenditore può notificare delle lettere di richiamo se l'improduttività può essere dimostrata come infrazione di regole aziendali, sapendo che, in ogni caso, quelle lettere saranno impugnate e contestate.

Nella stragrande maggioranza dei casi poi, il singolo condividerà, secondo il suo punto di vista, la situazione con gli altri, cercando di mettere in cattiva luce l'azienda. Secondo te, queste attività non inficeranno negativamente sugli altri e sull'azienda stessa? Saprai sicuramente che per licenziare una persona per "giusta causa", occorrono almeno 3 lettere di richiamo per cui non ci sia stata nessuna opposizione sostenibile. E qui si entra nei meandri dell'incertezza.

Come puoi dimostrare che quel lavoratore lavora poco, male o che non è abbastanza cortese con i clienti? Come puoi dimostrare il suo diffamare i colleghi o l'azienda? Si tratta di una verifica quasi impossibile, mentre è certa la perdita di clienti, di fatturato ed in alcuni casi di buoni collaboratori. Questa è la realtà oggettiva delle problematiche vissute troppo spesso dagli imprenditori italiani e credo sia uno dei motivi principali per cui le aziende oggi sono restie a fornire sin da subito una collaborazione con contratto a tempo indeterminato. Si preferisce l'utilizzo di contratti determinati in una prima fase, per avere il tempo di capire con chi si ha realmente a che fare. D'altronde, una volta sottoscritta una certa tipologia di contratto, come abbiamo visto insieme, è estremamente difficile uscirne fuori.

A questo punto, restano altre due categorie di disoccupati: quelli che cercano lavoro e sono preparati a farlo, e quelli che cercano lavoro ma non sono in grado di presentarsi alle aziende. Parlando di quest'ultimi, la lista degli errori e degli "orrori" che commettono, purtroppo, è molto lunga. Questo compromette in modo disastroso la possibilità di ottenere ciò che cercano, in termini di qualità del lavoro e di stipendio, sempre che riescano ad ottenere il posto vacante!

Il primo errore che viene commesso è già nell'invio dell'email con la candidatura. Ogni giorno riceviamo email senza oggetto, senza lettera di presentazione, senza allegato o comunque presentate male. Un altro errore comune è l'invio multiplo dello stesso testo a più aziende, lasciando la possibilità ad ogni destinatario di leggere gli altri indirizzi a cui quella stessa email è stata inviata. Questo fa percepire al

selezionatore una bassa preparazione, e preclude l'apertura del curriculum allegato (sempre che sia presente!).
Mi è capitato di vedere numerosi errori nella compilazione dei curricula, uno su tutti è l'inserire una grandissima quantità di precedenti collaborazioni, ostentando sicurezza ed esperienza. L'effetto che si provoca, in questo caso, è contrario. Il primo pensiero di un responsabile risorse umane è di avere a che fare con una persona poco affidabile, soprattutto se vengono inserite collaborazioni di brevissima durata. Ciò che un imprenditore cerca nella sua azienda, prima di tutto, è **l'affidabilità**.

Business e relazioni crescono alla velocità della fiducia!

Ogni segnale di inaffidabilità intercettato dal selezionatore sarà un campanello d'allarme che precluderà il crearsi di un qualsiasi rapporto, al di là delle mere competenze. Stessa cosa capiterà a parti inverse, ovvero se il candidato percepirà inaffidabilità da parte dell'azienda, magari trovando un imprenditore impreparato, poco chiaro o recensito male. Passati i primi ostacoli legati alla preselezione, molte persone volenterose e ben disposte si ritrovano ad effettuare il colloquio di lavoro per poi non essere mai richiamate. Nell'immaginario collettivo il famoso "le faremo sapere" sembra un'azione negativa, in realtà la gestione del tempo è un elemento fondamentale di ogni azienda, per questo anche solo richiamare tutti i respinti è una dispersione di energie e denaro. Chi seleziona dovrebbe avere l'accortezza di dire "le faremo sapere solo se verrà selezionato, in questo caso riceverà una chiamata entro X giorni", in modo da essere chiari e precisi. Mi è capitato di sentire dei conoscenti definire il fatto di non essere stati selezionati in sede di colloquio, una "congiura".

Nessuno di loro si è mai preso la briga di riflettere sulla cosa più semplice: come in ogni gara o concorso, la vittoria è destinata ad un numero preciso di persone, quasi sempre inferiore al numero di candidature pervenute.
La mia esperienza va in controtendenza con questo dato, molto spesso nelle mie aziende ho meno candidature rispetto ai posti vacanti. Ti ricordi la "selezione naturale" di Darwin? Nel mondo del lavoro esiste la selezione meritocratica. Nulla è dovuto, se non sei idoneo o preparato, non puoi arrabbiarti con chi seleziona se non vieni preso.

Chiaramente, è più facile "incolpare" un estraneo del nostro insuccesso anziché accettare il fatto di non essere idonei e di non far parte di una selezione. Uno degli errori maggiori in sede di colloquio è quello di mostrarsi poco interessati al tipo di lavoro e all'azienda, concentrando le proprie domande solo sullo stipendio e sull'orario lavorativo. Se stai leggendo questo libro, hai una grande opportunità: difficilmente troverai nero su bianco i consigli di un imprenditore che ha a cuore il futuro delle imprese italiane e dei lavoratori.

Una "dritta" che potrebbe aiutarti quando ti presenti ad un'azienda, è quella di farti vedere preparato sull'azienda in questione. La loro storia, la mission, la vision, sono tutti argomenti che potrebbero farti guadagnare punti rispetto agli altri candidati. Fai presente che se sei lì, è perchè condividi i loro valori e/o hai a cuore la loro causa. Ti sconsiglio di mentire, il linguaggio del corpo parla più della dialettica, ed un bravo osservatore potrebbe non fidarsi di te per questo.

Scegli un'azienda che ti piace, dove potresti cominciare un cammino di crescita. Il mio passato da dipendente e il mio presente da imprenditore mi hanno fatto capire un punto importante: non deve essere solo l'azienda a valutare il lavoratore, anche quest'ultimo deve aprire bene gli occhi e farsi un'idea in merito! Entrare in un'azienda che non funziona, che non cresce o che ha un piede nella fossa, non è di certo una scelta intelligente. Per questo dovresti imparare a fare le tue valutazioni. Molte persone ignorano la situazione in cui verte l'azienda dove stanno cercando di entrare. Accade spesso che il focus dell'attenzione sia il tipo di contratto o lo stipendio promesso. A mio modesto parere, questa è una leggerezza che a lungo andare non paga. Se ti stai chiedendo perché, ti faccio subito un esempio pratico: l'azienda che ti offre lo stipendio più alto e il contratto migliore, potrebbe non essere strutturata, e quindi potrebbe rivelarsi, priva di futuro.

Questa situazione capita spesso nel settore dell'estetica: alle estetiste vengono proposti stipendi molto più alti della media, con l'unico scopo di assicurarsi la risorsa. In seguito il centro estetico non riesce a sostenere nel tempo la retribuzione pattuita, sproporzionata al valore stesso della produzione svolta dalla risorsa in questione. Non sarebbe stato meglio informarsi in precedenza sull'impresa e sullo svolgimento del lavoro? Come ho già avuto modo di dirti, sono d'accordo sul fatto che ognuno debba cercare costantemente le condizioni lavorative migliori. Questa ricerca non deve però oscurare la valutazione antecedente che bisognerebbe fare dell'azienda stessa, altrimenti quelle condizioni che hanno in qualche modo "pilotato" la scelta potrebbero venire meno nel corso della collaborazione.

Le persone a cui tengo di più sono quelle che hanno veramente voglia di lavorare e di ottenere di più da loro stessi. In questo caso specifico, aiutare è un dovere di ogni imprenditore e cittadino. Ho dedicato, e dedico ancora oggi, molto tempo alla formazione volta ad aiutare le persone. Anche in questa attività seleziono le persone su cui investire. Ritengo che la volontà vada sempre premiata e che sia l'unica cosa che permette il miglioramento ed il cambiamento delle situazioni. C'è un detto che recita "aiutati che Dio ti aiuta": se tu stesso non hai voglia di ottenere qualcosa o di migliorare, sarà difficile che qualcuno ci riesca per te. Ma qual è la causa di questa impreparazione nel mercato? È ovvio che la colpa non è da imputare solo ai singoli individui, viviamo in un paese dove ci sono poche opportunità per prepararsi al meglio al lavoro e all'imprenditoria. Per questo motivo credo si possa intervenire positivamente sulla crescita del settore imprenditoriale con informazioni, formazione e attraverso il miglioramento dell'incrocio domanda e offerta. Questi 3 "ingredienti" possono aumentare (e garantire) posti di lavoro e crescita, per chi ha voglia di lavorare. Si può

fare davvero tanto per la fascia delle persone volenterose. L'obiettivo finale non è solo aiutare le persone a trovare lavoro facilmente, ma permettere loro di scegliere un impiego consono alle aspettative. Questo aumenterà il livello di soddisfazione personale e di felicità e, come è noto, le persone felici lavorano di più e meglio, dando valore al mercato e all'azienda per cui lavorano. In un clima simile sarà anche più facile la creazione di un'intesa tra lavoratore ed azienda, favorendo un rapporto di collaborazione tale da far crescere insieme entrambe le parti.
I fattori su cui concentrarsi per migliorare ed ottenere dal lavoro ciò che si desidera sono i seguenti:

- Scegliere i settori che hanno una tipologia di impiego ed un compenso adeguato alle aspettative;
- Imparare a creare curricula efficaci e ben scritti;
- Inviare almeno 30 email con CV allegato e lettera di presentazione;
- Saper gestire la tensione emotiva e le eventuali obiezioni durante i colloqui conoscitivi con le aziende.

La mia idea è quella che, a parità di capacità e di volontà, un individuo che osserva i 4 punti qui sopra elencati otterrà molto di più e in meno tempo, rispetto a chi ignora questi fattori. È ovvio che non è sufficiente inviare 3 CV per ottenere ciò che si vuole, il successo in questo processo potrebbe richiedere anche l'invio di centinaia di CV. Può sembrare una perdita di tempo, ma fermati un attimo a riflettere: è meglio investire tempo e sforzi per qualche mese, riuscendo poi a conseguire un ottimo risultato (un lavoro soddisfacente e la remunerazione desiderata) o passare anni nel settore sbagliato, nel ruolo sbagliato e con uno stipendio insufficiente?

Considerando che trovare il proprio posto può richiedere molto tempo, (a volte mesi), il mio consiglio è, secondo necessità, di accettare un impiego nell'immediato anche accontentandosi, e continuare comunque la ricerca. Chi invece desidera cambiare lavoro, (e quindi ha già un impiego) dovrebbe cominciare la ricerca mantenendo l'occupazione attuale, se lo stipendio che percepisce gli consente di pagare le bollette. Questo è, ovviamente, un consiglio per tutti coloro che ad oggi vivono una situazione in cui lo stipendio mensile equivale a mangiare! Sembra banale, ma esiste chi fa della disonestà un modo per arrivare a fine mese.

Mi è capitato di sentire dipendenti che volevano essere

licenziati e/o assunti “in nero” per poter ricevere l’indennità di disoccupazione o il reddito di cittadinanza. Al di là della dubbia moralità della richiesta, sono dell’idea che se vuoi costruire qualcosa per il medio e lungo termine, devi creare regolarità, che magari paga meno nell’immediato, ma non ha paragoni in un’ottica incentrata sul futuro. In più, la soddisfazione e la tranquillità che regala un lavoro onesto che ti fa guadagnare senza “sotterfugi”, non ha prezzo.

Se sei interessato ad approfondire l’argomento “lavoro” e desideri ulteriori indicazioni oltre i 4 punti di cui parlavamo poco fa, segui i miei canali social. Troverai le informazioni per partecipare ad uno dei miei eventi su questo tema, molto spesso sono gratuiti. Investire su di te, ti permetterà di avere quello che desideri davvero, quello che senti in cuor tuo di meritare. La meraviglia della formazione è proprio questa: una volta compreso il metodo e fatte tue le informazioni, diventerai invincibile. Anche se un giorno ti svegliassi senza macchina, senza casa, senza soldi, senza qualsiasi altra cosa importante, avresti con te la tua arma vincente: quello che hai imparato. Nessuno potrà mai portartelo via, e sarà proprio quello che ti permetterà di guadagnare di nuovo.

RIASSUNTO CAPITOLO 3:

- **Esiste un tasso "naturale" di disoccupazione, proporzionale all'economia in cui ruota, che non potrà mai essere "0";**
- **Ogni "disoccupato" è una persona temporaneamente non occupata;**
- **Esistono 3 tipi di disoccupati: "naturali"- "volontari" -"impreparati";**
- **Per chi ha voglia di lavorare l'unica variabile è il "tempo";**
- **In Italia si tutela più il lavoratore che l'imprenditore;**
- **Chi non lavora non è affetto da un male incurabile!;**
- **Business e relazioni crescono alla velocità della fiducia;**
- **Il mercato è meritocratico, e lo sarà sempre di più;**
- **Per ridurre i tempi di "non occupazione" si deve lavorare sulla preparazione al lavoro e sulla ricerca;**
- **Investire su di te ti permetterà di realizzare i tuoi desideri.**

BONUS 2:

10 ERRORI COMUNI NELLA COMPILAZIONE DEL CV

http://www.leonardoleone.net/bonus_libro_2

Capitolo 4:
Le cause

Cause fisiologiche

Esistono 2 cause soggettive che determinano la disoccupazione:

- **La ricerca di lavoro** (disoccupazione frizionale);
- **La rigidità salariale** (disoccupazione strutturale).

Se il processo di ottenimento di lavoro fosse istantaneo, allora il periodo di disoccupazione sarebbe quasi nullo e il tasso naturale vicino a zero.
Come accennato in precedenza, ogni economia ha disoccupazione, anche in presenza di una domanda di lavoro sufficiente a occupare tutti i lavoratori.
La disoccupazione frizionale, quindi, è dovuta al tempo necessario per trovare un lavoro.

Per trovare un lavoro occorre tempo perché:

- I posti di lavoro non sono tutti uguali e anche i lavoratori sono diversi tra loro (abilità, educazione, ecc...);
- Reperire informazioni sui posti di lavoro e sui lavoratori richiede tempo ed è costoso;

- I posti di lavoro e i lavoratori sono distribuiti sul territorio e la mobilità geografica richiede tempo ed è costosa;
- In un'economia in continua evoluzione, una certa quantità di disoccupazione frizionale è inevitabile;
- Con il variare della domanda di beni e servizi, varia anche la domanda di lavoro per produrre quei beni e servizi;
- L'innovazione tecnologica cambia in continuazione la domanda di lavoro (richiede nuove competenze);
- Ci sono variazioni settoriali: (agricoltura – industria – servizi). La domanda di lavoro cambia;
- Si verificano spostamenti di attività produttive tra diverse regioni;
- C'è una variazione nella composizione della domanda di lavoro tra settori o aree diverse, si chiama "spostamento intersettoriale".

Sistema educativo e lavorativo

Secondo le analisi di politici, economisti e opinionisti, l'alto tasso di disoccupazione giovanile in Italia, è riconducibile alla crisi economica che ha messo in ginocchio il sistema abbassando il livello occupazionale.

Per me non è assolutamente così!
Il 40% della disoccupazione giovanile in Italia, infatti, ha natura strutturale e affonda le sue radici nello scarso dialogo tra sistema educativo e sistema economico-lavorativo.

Una teoria da smentire

Per spiegarti meglio cosa significa questo concetto, voglio parlarti di una ricerca molto interessante che analizza le cause del problema, smentendo la teoria secondo la quale la principale responsabile della disoccupazione sarebbe la crisi economica.
Probabilmente leggendola ti renderai conto che il nostro sistema di formazione scolastica e professionale fa acqua da tutte le parti. Purtroppo è questa la realtà delle cose! La ricerca si chiama: "Studio ergo Lavoro. Come facilitare la transizione scuola-lavoro per ridurre in modo strutturale la disoccupazione giovanile in Italia" ed è stata realizzata da McKinsey & Company, una multinazionale di consulenza strategica.

Poca consapevolezza

Sbilanciamento tra domanda delle imprese e scelte dei

giovani: nonostante il gran numero di giovani disoccupati, in varie aree del Paese, molte posizioni restano vacanti a causa dei pochi candidati disponibili.
A ragione di tale sbilanciamento sta il fatto che, al momento della selezione del percorso di studi, i giovani non hanno piena consapevolezza delle implicazioni lavorative di tale scelta.

Decisioni sbagliate

Nel prendere la decisione, solo il 38% degli studenti intervistati conosce le opportunità occupazionali offerte dai vari percorsi scolastici. Il risultato è un disallineamento tra domanda e offerta, evidente in particolare per i diplomati tecnici e professionali. Nel 2012, ad esempio, le imprese hanno trovato difficoltà a reperire candidati – sia in termini di quantità che in termini di profili e competenze adeguate – per il 16% delle posizioni ricercate (corrispondenti a circa 65.000 posti di lavoro). Anche nella scelta del percorso universitario, la disponibilità di posti di lavoro rimane un criterio di scelta secondario: meno del 30% degli universitari sceglie l'indirizzo di studi sulla base degli sbocchi occupazionali, mentre il 66% è motivato dall'interesse e dalle attitudini personali.

Carenza di competenze adeguate ai bisogni del sistema economico

Solo il 42% delle imprese italiane ritiene che i giovani che entrano per la prima volta nel mondo del lavoro abbiano una preparazione adeguata. Nel 47% dei casi (rispetto a una media europea del 33% e al 18% del Regno Unito), le aziende del nostro Paese ritengono che tali carenze abbiano un impatto negativo sulla loro attività. In particolare, lamentano un deficit di competenze generali (non solo la padronanza delle lingue straniere e della matematica di base, ma anche capacità analitiche, intraprendenza e autonomia, etica e deontologia professionale) e di esperienza pratica.

Gli stage

In Italia, stage e tirocini hanno una durata inferiore ad un mese in quasi il 50% dei casi nella scuola superiore e in circa il 30% dei casi all'università, e coinvolgono solo la metà degli studenti d'istruzione secondaria e terziaria. Esiste inoltre una marcata differenza di percezione tra gli attori coinvolti: imprese e studenti concordano su una preparazione carente (solo il 43% dei giovani la ritiene adeguata), ma il 70% delle scuole la giudica idonea all'ingresso nel mondo del lavoro.

Inadeguatezza dei canali di supporto alla ricerca del lavoro

L'80% dei disoccupati under 30 in Italia utilizza la rete di amici, conoscenti e familiari per cercare lavoro, mentre, solo meno di un terzo, sperimenta i canali istituzionali (in Germania gli uffici pubblici di collocamento rappresentano il mezzo principale di ricerca in oltre l'80% dei casi). Parenti e amici rimangono ancora i canali più efficaci per trovare occupazione (per il 23% dei laureati e il 43% dei diplomati), insieme all'invio diretto della propria candidatura ai potenziali datori di lavoro. Attraverso i canali pubblici (Centri per l'Impiego) passa solo l'1% delle assunzioni dei giovani italiani tra i 15 e i 29 anni.

Cultura del lavoro

Cosa si intende per "cultura del lavoro"? La conoscenza, il riconoscimento del valore che si ha, l'abitudine, l'esperienza. La cultura del lavoro di un individuo passa per ciò che l'ambiente gli ha comunicato sin da piccolo e che, costantemente, gli continua a comunicare. L'ambiente non è altro che la famiglia in cui si è cresciuti, la scuola, gli amici, le relazioni e la società stessa.

Quello che acquisiamo rappresenterà per noi un sistema di regole e valori che ci guiderà nelle scelte. Avere la cultura

del lavoro significa aver avuto una relazione ed un rapporto positivo con il lavoro sin dalla tenera età. I nostri genitori sono stati un esempio, una guida, nel collocare positivamente il lavoro nella vita di ognuno di noi. Avere cultura del lavoro significa comprendere ed accettare quanto il lavoro richieda impegno e forza, ma anche quanto lo stesso dia in cambio. Per una persona dotata di cultura del lavoro, non esiste l'idea di non lavorare e percepire un qualche sussidio, sentirebbe qualcosa mancare nella propria vita.
Oggi è sempre più difficile trovare giovani con una sviluppata cultura del lavoro.

Cultura del lavoro vuol dire anche passione e impegno per ciò che si fa.

Significa portare valore all'azienda e a sé stessi, attraverso un rapporto di stretta correlazione tra futuro aziendale e destino-ambizione personale, e di scambio tra uomo e professionista, tra persona e lavoratore.

"Fai della tua passione un lavoro, non lavorerai un giorno della tua vita."

Questa famosa (e inflazionata) citazione racconta 2 cose

davvero utili da considerare:

- L'immaginario collettivo italiano moderno percepisce (in alcune società più che in altre) il lavoro con un'accezione negativa, sentimento che inibisce lo sviluppo di una cultura del lavoro a livello personale e collettivo;
- La passione è la chiave di volta che alimenta il lavoro, sempre secondo l'immaginario popolare.

A questo proposito ho una cosa da dirti, probabilmente non ti piacerà ma corrisponde a verità:

Non è sempre possibile fare delle nostre passioni un lavoro.

Non tutto quello che ci appassiona può essere oggetto di business, è bene ricordarlo. Il mercato, esattamente come un individuo, paga ciò che gli interessa e non è detto che abbia sempre gli stessi gusti.

Avere hobby e interessi, nobilita l'aspetto personale di ognuno di noi, ma è importante capire che alcune volte le passioni vanno coltivate nel tempo libero, non è sempre possibile farle diventare una professione.

Oggi io riesco a scegliere di fare quello che mi piace e mi

appassiona, ma non è stato sempre così. Ho fatto lavori che non mi piacevano assolutamente e che mi facevano arrivare a malapena a fine mese. Quei lavori mi sono comunque serviti per mangiare e fare una parte di esperienza importante, ne vado fiero e ne sono grato, mi hanno permesso di essere l'imprenditore che sono oggi. Posso dirti con certezza che potrai crescere e scegliere anche tu, se non lo stai già facendo. Sappi però che ci sono degli step da rispettare.

Se oggi si parla di disoccupazione e di persone che hanno bisogno di un reddito di cittadinanza per sopravvivere, io non ci sto! È sbagliato accontentarsi, ma lo è ancora di più bruciare opportunità! "Cultura del lavoro" significa anche e soprattutto accettare che da qualche parte bisogna pur partire, e di solito è dal basso.
Se oggi non hai un'entrata, prendi quello che il mercato ti offre, e solo quando avrai almeno uno stipendio per mangiare potrai, nel tuo tempo libero, cercare un posto migliore. Ma devi avere le competenze e la preparazione per poterlo ricoprire. Cultura del lavoro è darsi da fare il prima possibile ed essere costantemente impegnati in qualcosa.

I genitori

In questa situazione in cui abbiamo visto che non tutti i disoccupati cercano realmente lavoro, aprirei anche una piccola parentesi che riguarda i genitori, il loro ruolo e la loro compartecipazione in questo risultato.

La riflessione che sto per fare può ovviamente suscitare punti di vista diversi a seconda delle esperienze soggettive di ognuno di noi. La situazione può variare da città a città in Italia e addirittura stravolgersi negli altri paesi del mondo. Questo a causa della cultura delle persone. Non dimentichiamoci di considerare anche il momento storico: se parliamo in generale dell'Italia di oggi, possiamo osservare quanto la maggior parte dei genitori italiani contribuisca costantemente nel rendere "facile" la vita dei propri figli. E questo come intento credo sia più che buono, ma molto spesso l'eccesso di bontà può rivelarsi negativo. Una delle mie massime recita:

"Tanto più renderai facile la vita dei tuoi figli quando sono piccoli, tanto più sarà difficile per loro quando saranno grandi."

Questa voglia di farli star bene, comodi e spensierati, potrebbe rovinare la loro vita. Togliendo loro l'opportunità di risolvere i problemi da soli e di costruire un qualcosa, stiamo rovinando l'intera società, che si ritrova con meno persone utili a far crescere l'economia.

Nello specifico, sai quali sono gli errori più comuni fatti da un genitore? Uno, ad esempio, è soddisfare costantemente i bisogni materiali. Non parliamo di bisogni primari, come dormire e mangiare, ma di esigenze consumistiche che questa società ci incita ad avere. Prova a pensare all'Italia di 50 anni fa, in cui i ragazzi o addirittura i bambini, erano chiamati a risolvere problemi e a contribuire al bilancio familiare. Secondo te questi ragazzi vivevano in situazioni peggiori rispetto a quelle di oggi? Io credo di no! Per una semplice, ma dimenticata regola:

Non godiamo di ciò che abbiamo
ma di ciò che conquistiamo!

Privare i figli della possibilità di conquistare qualcosa, fa male a entrambi e fa male alla società. Renderli responsabili e partecipi della loro vita, della loro soddisfazione e della loro ambizione, è la base su cui potranno costruire un futuro migliore per tutti. Si può iniziare sin dalla tenera età, quando i bambini imparano più facilmente, ad incoraggiare lo sviluppo della consapevolezza che tutti possono ottenere qualcosa di importante nella vita se si impegnano, senza la necessità di chiedere e pretendere. Gli adulti che oggi pretendono condizioni di vita migliori, vivono in questa bolla di deresponsabilizzazione e di senso di incapacità. Se vogliamo che i nostri figli abbiano più voglia di uscire di casa per andare a lavorare, dobbiamo innanzitutto insegnar loro che non si può sempre avere tutto ciò che si vuole. Ovviamente questo è il mio punto di vista, ed è un consiglio che ti do con Amore, puntando a ciò che è bene per te, che stai leggendo e per il nostro Paese. C'è un grande bisogno di gente come noi, pronta a fare e ad aiutare.

La società

Oltre la corresponsabilità insospettabile dei genitori riguardo la disoccupazione, vorrei farti notare anche quanto (e come) la società impatti sulla vita e sulle scelte dei singoli. Come abbiamo detto prima, questa società, oggigiorno, ci spinge a soddisfare costantemente bisogni materiali, e purtroppo, non si tratta dell'unica influenza negativa che ci suggestiona. Un altro condizionamento è quello di ostentare ricchezza e benessere, dando sempre meno importanza a come è stato prodotto quel determinato benessere. Preciso che non tutto ciò che le persone mostrano, rappresenta la realtà. Sono frequenti i casi in cui queste manifestazioni mendaci corrispondono a un "vorrei ma non posso".

Molte persone ostentano più di ciò che hanno, probabilmente proprio perchè hanno l'idea distorta di una società che premia chi ha, non chi conquista. Perchè penso che la società sia in parte corresponsabile di questa poca volontà di lavorare? Semplicemente perché il non lavorare dovrebbe essere, (com'era una volta), penalizzante a livello di immagine e status sociale. Invece, al giorno d'oggi, in molte città italiane, si arriva a considerare chi non lavora come un modello da seguire, un esempio per la comunità. "Lui non lavora perchè se lo può permettere, ha i soldi e una vita emozionante!" mi ha detto una ragazza di 25 anni, parlando di un suo coetaneo. In realtà, il tizio in questione grava sui genitori, sia economicamente che moralmente, e come potrai ben immaginare anche sulla società, che si trova con sempre meno persone disposte a collaborare o a creare qualcosa.

Lo stato

Il nuovo governo con quella "buffonata" del Reddito di Cittadinanza ha dato un'ulteriore motivazione ai giovani per alimentare la piaga dell'assistenzialismo. Ho utilizzato il termine "buffonata" non per critica politica, ma per esprimere ciò che penso di chi utilizza il marketing in maniera poco etica. È uno stile che conosco molto bene, in alcuni settori dove opero con le mie aziende, ci sono competitor dalla dubbia etica e moralità. Io ed il mio gruppo di collaboratori vediamo spesso la tecnica di "Overpromising" applicata in modo spudorato. Se non sai di cosa si tratta, te lo spiego subito: nel marketing, il termine *overpromise* si riferisce a un messaggio pubblicitario troppo pretenzioso (letteralmente, che contiene una promessa eccessiva), poiché attribuisce al prodotto qualità e caratteristiche che nella realtà non gli appartengono.

Il RdC è stato presentato benissimo: l'idea di aiutare chi ha bisogno è senz'altro lodevole. Ciò che contesto è l'intento e la modalità. La motivazione che ha spinto la proposta di questo sussidio è stata solo quella di accaparrarsi voti. Come è ovvio, in ogni campagna elettorale vi è la volontà e l'obiettivo di convertire le persone in elettori, ma illudere i nostri interlocutori non è esattamente la stessa cosa. È meschino promettere qualcosa che non è sostenibile e che apporterà molti più danni che benefici. Non sono l'unico a pensare e a sapere l'impatto reale che il RdC darà al nostro mercato e alla nostra società. Per condividere questa visione con te, vorrei citarti l'esempio della Finlandia, dove qualche anno fa è stato testato il "Reddito di Base Universale". Sai come è andata a finire con quel test?

Dopo 2 anni l'esperimento si è concluso ed è stato abbandonato. Se vuoi farti un'idea in merito, senza prendere l'estero come esempio, prendi una calcolatrice e fatti 2 conti: considera la situazione di deficit dello Stato (situazione attuale di debito pubblico), aggiungi le entrate annuali, sottrai gli interessi annui del denaro preso in prestito in passato e le uscite totali dello Stato. Il risultato sarà negativo, e ora fai un ultimo sforzo: a questo risultato sottrai 70 milioni/anno di "navigator" e, per ultimo, sottrai l'uscita prevista per il RdC, ossia "solo" 7,1 miliardi di euro. Cosa ne pensi? Io sono sinceramente preoccupato.

Se il Rdc dovesse essere attuato in maniera definitiva, avremmo 4 conseguenze importanti:

- 1. Aumento del debito pubblico, con uno Stato italiano sempre più indebitato (e conseguenti ripercussioni economiche e lavorative nel resto del mondo).
- 2. Aumento del carico fiscale ai cittadini, che contribuirà alla diminuzione del numero di imprenditori disposti ad

investire in Italia, con conseguenze sul numero dei posti di lavoro.

- 3. Minore disponibilità economica da parte delle famiglie, che spenderanno meno nel mercato. Questo contribuirà a fermare l'economia, e sarà a spese di tutti.
- 4. Verranno aiutate anche le persone sprovviste di voglia di lavorare, che non attendevano altro che un incentivo economico per evitare di farlo. Questo a danno di imprenditori ed economia generale.

Avrai sicuramente notato che questo argomento mi sta particolarmente a cuore e mi fa essere un po' "sopra le righe". Siamo andati leggermente fuori tema rispetto all'obiettivo che ci eravamo preposti: avevo promesso di informarti su imprenditoria e lavoro, e di farti leggere le mie possibili soluzioni su argomenti così delicati.
Sono stato un po' brusco nei confronti del RdC ma questo accade perché vedo qualcosa che non funziona, che però è in grado di arrecare danni sia ai singoli che all' "azienda" Italia. Ai miei occhi, questa è un' ingiustizia.

Sento dentro di me una forza che mi porta a contrastare le "ingiustizie".

In questo caso mi "accendo" perchè mi torna in mente mia nonna, che in questo momento non c'è più. Anche lei viveva in una casa popolare, non distante dalla mia. Si trovava al terzo piano di un palazzo senza ascensore, insieme a mio zio disoccupato a causa della sua disabilità uditiva. Andavano avanti grazie al negozio di ferramenta lasciato da mio nonno, morto anni prima. Poi un giorno, all'improvviso, di mattina presto, mia nonna ebbe un ictus. Nessuno si accorse di nulla per ore, era sola in casa con mio zio, sordo. Per fortuna riuscì a sopravvivere a questo episodio, ma i danni riportati al suo cervello furono notevoli. Da quel momento non riuscì più a controllare i movimenti di metà del suo corpo. All'epoca ero un bambino, ma ricordo tutto con estrema lucidità. L'immagine che ricordo meglio è mia nonna che guardava fuori dalla finestra e in lacrime mi diceva:

"Beato te che puoi uscire, io non posso più, sono agli arresti domiciliari senza aver commesso crimini!"

Scontò quella prigionia per quasi 20 anni, come un "ergastolo", fino alla sua morte.

Non riuscì ad allontanarsi da casa, eccetto in qualche occasione sporadica tra Natale e Ferragosto, ricorrenze nelle quali ci si ingegnava per farla uscire un po'. Sai per quale motivo? Perché è rimasta 20 anni in attesa dello Stato. Quello Stato a cui aveva pagato faticosamente le tasse, non riuscì mai a pagare la sua assistenza, la fisioterapia e l'indennità di accompagnamento necessari all'installazione di un ascensore in un palazzo di persone anziane.

Tutta la mia famiglia versava in difficoltà economiche tali che non siamo mai riusciti ad affittare un'altra casa al piano terra, magari con il giardino, come sognava lei. Sono passati molti anni da quei giorni, ma ancora adesso non riesco a trattenere le lacrime. Mi sono sentito così impotente nel vedere mia nonna soffrire. Oggi che potrei prenderle la casa che desiderava, purtroppo non posso tornare indietro nel tempo, e questo mi fa soffrire moltissimo. Sto male per non averla potuta aiutare economicamente e sto ancora peggio perchè la nostra situazione economica non mi ha permesso nemmeno di starle vicino come avrei voluto.

Nel suo ultimo anno di vita facevo tre lavori ed era difficile perfino trovare il tempo per fare una doccia. Ho imparato ad accettare questo dolore e questa rabbia e li ho trasformati nella motivazione che oggi mi spinge a voler migliorare le cose. Vado su tutte le furie perchè so che in

Italia, purtroppo, ci sono migliaia di casi come quello di mia nonna o peggiori, in cui nessuno si occupa a dovere dei più bisognosi. Però dal nulla, per ottenere voti e consensi, ci si inventa un reddito per chi non lavora, destinato a tutti indistintamente, anche a coloro che hanno tutte le carte in regola per cominciare a cercare un impiego.

Credo sia giusto ed opportuno aiutare chi è in difficoltà, per questo avrei preferito un sussidio destinato prima di tutto agli invalidi, poi agli anziani e alle donne con figli senza reddito o con reddito basso. Un altro aiuto importante alle famiglie poteva essere la casa, il primo vero problema di chi non arriva a fine mese. Case popolari, cibo e sanità, completamente coperti dallo Stato. Queste sono, a parer mio, delle possibili soluzioni per chi è in difficoltà. In questo modo lo Stato non foraggerebbe quelli che io chiamo "furbacchioni" o "lazzaroni", ossia quegli individui con poca voglia di lavorare e di rendersi utili alla comunità. Ci tengo ora ad illustrarti quello che è il Reddito di Cittadinanza, di modo da farti rendere conto in maniera autonoma di cosa si tratta.

Reddito di Cittadinanza: Cronaca di un disastro annunciato

Il Reddito di Cittadinanza (in seguito abbreviato come RdC) è il nuovo sussidio mensile per i meno abbienti (importo standard fino a 780 euro a persona): in vigore dal 2019, è riservato a chi non supera determinate soglie di reddito.

Nasce chiaramente con un buon intento ma si è rivelato sin da subito una pessima idea, che invoglia una classe sociale, che invece può lavorare, a non impegnarsi.

La storia insegna: in tutte le civiltà, gli ammortizzatori sociali hanno sempre portato ad un aumento della disoccupazione.

Per questo il RdC ha provocato un doppio danno alla comunità:

- Toglie voglia di lavorare a chi ne ha già poca;
- Si ripercuote su chi paga le tasse, in un sistema economico che ha già problemi.

Come già specificato, il nostro Paese non è in grado di supportare e sopportare il peso economico (e sociale) di questo ammortizzatore. Si parla già di eventuali manovre per compensare l’aumento delle uscite in uno Stato con un bilancio già precedentemente in crisi.

Si parla di aumento dell'IVA a più del 25%, di possibili aumenti delle tasse sulle abitazioni, di accise…
Non so quanto tu sia preparato in economia, ma quella che chiamano "partita di giro" non è l'IVA. IVA è l'acronimo di IMPOSTA sul VALORE AGGIUNTO e quell' "imposta" non credo sia sinonimo di "partita di giro" come alcuni dicono. All'innalzamento dell'IVA corrisponde un innalzamento della pressione fiscale e purtroppo, non riguarda solo le aziende e chi compra con IVA esposta. Con l'aumento dell'IVA tutti i prodotti aumentano il proprio costo. Prova a pensare ad un pensionato, i cui emolumenti vanno principalmente, dopo l'affitto, nella spesa quotidiana al supermercato. Come pensi che si sentirà quando andrà al solito supermercato e troverà nell'arco di sei mesi, un aumento consistente dei prezzi? Anche qualche euro diventa importante per chi "lotta" per arrivare a fine mese! Quello che trovo assurdo è che tutto questo si ripercuota sulle spalle della comunità, per via della strategia di un partito politico e delle persone che hanno dato fiducia alle loro promesse.
Ora hai capito perchè sto dedicando tutto questo spazio a questa scelta politica? Perchè credo sia un'ingiustizia.

Premia le persone sbagliate e penalizza i meritevoli!

Secondo te, in un sistema economico già affaticato e prostrato come il nostro, questa manovra è stata utile?
Un'altra valida alternativa poteva essere concedere sgravi fiscali alle aziende per l'assunzione di personale, oltre, come già detto, al dare case, cibo e assistenza sanitaria al 100%.
Ricordi che ti ho parlato dell'esperimento in Finlandia? Mi piacerebbe raccontarti nel dettaglio come è andata in quell'occasione con un "cugino" del RdC, il "reddito di base universale".

Dal 2016 al 2018 è stato preso un campione di 2000 persone disoccupate, selezionate per la ricezione di questo reddito di 560€ al mese per due anni, periodo in cui potevano lavorare o stare a casa, a loro scelta, avrebbero comunque continuato a ricevere il sussidio.
L'intento era vedere se queste persone erano davvero intenzionate alla ricerca del lavoro o se semplicemente non volevano perdere il sussidio di disoccupazione.
A dicembre 2018 l'esperimento è stato concluso ed eliminato.

Sai perchè?

Stiamo costruendo una società di persone pigre, di persone che non credono nel cambiamento, di giovani che non si rimboccano le maniche.
Nel prossimo capitolo ti parlerò meglio di questo.
Dante Alighieri, nella Divina Commedia, ha inserito i pigri e gli ignavi in un luogo non definito, alle porte dell'inferno.
Alla loro vista, Virgilio recita la famosissima frase:

"Non ragionar di loro ma guarda e passa."

Non li considera nemmeno degni di parola.

I GIOVANI NON DEVONO CHIEDERE REDDITO, DEVONO CHIEDERE LAVORO!

Cosa non va nel RdC:

- Le code immense e le file per richiedere il RdC saranno un'immensa perdita di tempo;
- La figura del Navigator è estremamente costosa, non PRODUCE di per sé lavoro e va a ricoprire un ruolo che dovrebbe essere ricoperto dai centri per l'impiego.
- Come fanno i Navigator a trovare lavoro a chi percepisce il sussidio se le aziende stesse non sono state incentivate all'assunzione?
- Come fa lo Stato a controllare realmente chi sta cercando

lavoro?

- Come fa lo Stato a controllare come si effettuano i colloqui di lavoro e come si comportano le persone assunte all'interno di un'azienda?
- Già oggi nelle mie aziende arrivano persone che chiedono di essere assunte "in nero" per percepire il RdC, come succedeva qualche tempo fa con le richieste di licenziamento per prendere la disoccupazione.
- Il RdC indebolisce la posizione delle donne sul mercato del lavoro, perché le induce a rimanere a casa a prendersi cura dei figli.
- Il legame tra reddito e lavoro non è più riconosciuto come indissolubile.

Le 4 leve della scelta

Siamo arrivati a ciò che ritengo più importante ed utile da sapere riguardo le possibili cause della disoccupazione "volontaria".

Qui di seguito ripercorriamo anche alcune delle cause che hai letto in precedenza, ma con una chiave di lettura diversa.

Quando parlo delle 4 leve della scelta, (una mia creazione), non mi riferisco solo a scelte finalizzate al lavoro, ma a qualsiasi scelta effettuata da un essere umano.

In questa parte stiamo entrando nella componente psicologica in cui ognuno di noi passa quotidianamente.
Ogni individuo arriva all'azione quando ha un motivo o una ragione per farlo.
Tanti parlano di motivatori, quegli "pseudo" formatori che propinano contenuti "motivazionali" copia/incolla "all'americana". Ovviamente qualche effetto danno, ma in realtà stanno solo dando energia, stanno solo fomentando e non dando motivazione. Con questo non ne sto parlando male, anche il dare energia ha uno scopo e può avere degli effetti benefici, io sto solo chiarendo un punto importante, anche per quelli che spesso, per sbaglio, mi chiamano "motivatore".

Voglio chiarire una volta per tutte che la motivazione non può arrivare dall'esterno. La motiv-azione è personale e non è altro che "dare motivo alla propria azione". Come potrei, io, adesso, dare a te un motivo per fare una determinata azione? In nessun modo. Quello è tuo e solamente tuo, semmai si può intervenire sulle leve personali per rivalutare una scelta ed azione.
Ma un individuo da dove prende la motivazione per passare all'azione? Cosa lo porta a fare qualcosa?

La risposta è semplice:

esistono 4 leve principali che ci condizionano.

La prima è quella personale: ciò che mi piace, ciò che voglio e desidero fortemente.

La seconda è quella relazionale: ciò che i miei genitori vogliono per me, ciò che il mio partner mi spinge a fare, ciò che i miei amici vogliono che io faccia, insomma quello che può piacere o meno alle persone vicine a me.

La terza leva è quella sociale: riguarda ciò che pensano le persone rispetto a quella (eventuale) mia scelta, quindi di me. Ciò che può piacere o no alla società, quindi a tutte le persone, anche quelle che non conosco.

La quarta leva è quella capitale: tutto ciò che riguarda il denaro, ovviamente relativo a me. Economicamente parlando, l'azione che sto per compiere, mi fa guadagnare o perdere soldi? Mi conviene oppure no?

Ciò che determinerà una scelta con una conseguente azione/ non azione deriva dal bilancio che farò nella mia testa. Per "bilancio" si intende la somma delle 4 leve, che può essere

a favore o a sfavore di una determinata azione. Il bilancio non sarà determinato solo dalla somma dei "sì" e dei "no" rispetto alle 4 leve, ma dalla somma dei punteggi che ogni leva scaturisce in noi. Chiarisco questo punto per farti comprendere che può capitare che una sola leva contraria alle altre tre possa vincere se ha un grande punteggio, cioè "impatto" su di noi. Capisco che il concetto può non essere così semplice, ma è un modo di capire meglio te stesso, migliorando le tue capacità di discernimento e di scelta in ogni situazione. Considera che questo è un processo che accade nel 97% dei casi solo a livello inconscio.
Ricapitolando: la somma di ogni leva (che ha un proprio punteggio) dà un bilancio finale, il quale mi porterà a compiere o meno una determinata azione.

Facciamo qualche esempio pratico:

(I punteggi assegnati sono ipotetici e servono solo a dare un valore personale con una scala da -10 a +10)

ESEMPIO
Immaginiamo una ragazza molto carina, che sta valutando se acquistare un vestitino al mercato che le piace molto (LEVA PERSONALE POSITIVA 8) è molto economico

(LEVA CAPITALE 8), ma è indecisa. Sta pensando al suo fidanzato e al fatto che un tubino molto scollato ed estremamente corto potrebbe rappresentare un problema con lui (LEVA RELAZIONALE NEGATIVA -10) e facendo questa considerazione pensa anche a ciò che potrebbero pensare gli altri uomini e le altre persone in generale (LEVA SOCIALE NEGATIVA -9). Secondo te, cosa farà la ragazza? Comprerà il vestitino? Chiaramente no. Seguendo questo metodo di valutazione riporrà il vestitino nella bancarella del mercato.

Altro esempio con qualche variante: una ragazza sta valutando se acquistare un vestitino al mercato che ritiene molto bello (LEVA PERSONALE POSITIVA 10) e molto economico (LEVA CAPITALE 10), sta valutando se comprarlo oppure no. Mentre lo fa, pensa al fidanzato e al fatto che un tubino molto scollato ed estremamente corto potrebbe rappresentare un problema (LEVA RELAZIONALE NEGATIVA -7) e facendo questa considerazione pensa anche a ciò che potrebbero pensare gli altri uomini e le altre persone in generale (LEVA SOCIALE NEGATIVA -7). Secondo te, questa seconda ragazza comprerà il vestitino? In questo caso si. La matematica non mente! Comprerà il vestitino, seguendo anche qui il suo

metodo di valutazione.
Come mai nella stessa situazione si possono avere due risultati opposti, a parità di condizioni? Ognuno di noi ha dentro di sé una serie di regole e valori. Seguendo questi valori, anche una situazione apparentemente simile può essere letta ed interpretata in maniera completamente diversa. Cosa porta due persone ad avere regole e valori diversi? Prima di tutto, va fatta una premessa importante: ognuno di noi è differente e unico. Poi ci possono essere similitudini, affinità e luoghi comuni. Come dei computer che hanno uno stesso hardware ma possono avere sistemi operativi e programmi diversi. Qui ti potrei aprire una parentesi di cosa penso della vita e delle incarnazioni in essa, ma non mi sembra il libro adatto. In questa ultima frase, se fossimo stati in conversazione chat, ti avrei mandato una "emoji" con una faccina sorridente. Tornando a noi, con le nostre differenze "utili" e le nostre similitudini, vorrei dirti cosa porta ad avere un risultato diverso tra due persone nella stessa situazione, fatto salvo una possibile differenza di base tra le due.

Ciò che impatta fortemente su un individuo e sulla formazione del suo carattere, sono di sicuro le sue esperienze, iniziando dalla famiglia.

C'è una fase molto importante dell'essere umano in cui si crea il database della nostra mente, si chiama "imprinting". Questa fase inizia alla nascita ed esistono varie correnti di pensiero riguardo la sua fine. Durante l'*imprinting* il nostro cervello è molto più aperto e recettivo. Apprendiamo più facilmente e il segno di quello che viviamo e impariamo rimane per sempre.

Due persone molto simili, ma che crescono in un ambiente diverso, svilupperanno di conseguenza due sistemi molto diversi di lettura ed interpretazione delle cose. Ti riporto un esempio che può farti riflettere molto: nel nostro Paese, come in tutto l'Occidente, se muore una persona viene celebrato un funerale e quasi tutti i presenti vivono il lutto con sofferenza, dolore e solitudine. Dal rituale, agli abiti, ai pianti, ogni cosa ci porta ad essere sofferenti e a provare un enorme dolore. Si considera quella morte la fine di tutto. In un altro posto del mondo, a Bali, la morte viene vista come un passaggio in un posto migliore, nel quale l'anima del defunto si reincarnerà più volte. La loro usanza è quella di festeggiare e di condividere. Appena muore una persona, i parenti nel palazzo affiggono un cartello con l'avviso di una festa imminente, come se ci fosse un'inaugurazione, sono tutti invitati a mangiare, bere e festeggiare. Stesso evento,

reazioni e azioni totalmente diverse e di conseguenza anche stati d'animo.
Tornando all'esempio delle due ragazze indecise se acquistare o meno il vestito, è chiaro che le due ragazze vedono i rispettivi fidanzati, le loro famiglie, la società ed il denaro in maniera molto diversa. In quegli esempi si poteva notare che la valutazione della leva personale era differente, una la valutava 8, l'altra 10. Diversa è anche la considerazione del proprio partner, una ha valutato -10 l'altra -7, non sappiamo per quale motivo, magari una delle due era meno innamorata, o dava meno importanza all'opinione del fidanzato, il nostro risultato non cambia.

Spero questo concetto sia utile per te, per capire meglio te stesso e gli altri, per tornare al lavoro, per riuscire a migliorare la tua situazione lavorativa ed imprenditoriale.
A questo punto del libro, sono certo tu abbia compreso che esistono disoccupati e disoccupati, alcuni addirittura disposti a perdere il lavoro in virtù di qualche mese di ozio.
Non esistono cattivi, non esistono stupidi, esistono persone che fanno delle scelte sbagliate.

Tornando all'argomento principale, il lavoro, vediamo in che modo le 4 leve orientano una persona nell'ambito lavorativo. Potremmo fare molti esempi, ma ritengo sia utile in questo momento esaminare la fascia di persone disoccupate che non sta cercando lavoro. Faccio questa osservazione e scelta perchè con il 30% della disoccupazione che riguarda proprio i giovani, le 4 leve ci aiuteranno a capire meglio le dinamiche e le possibili soluzioni. È molto importante chiarire che la situazione non è stata sempre così. Ci sono stati momenti in cui i ragazzi erano molto più motivati a lavorare. Momenti in cui la percentuale più alta di disoccupati riguardava le persone di una certa età, le quali, anche se con grande motivazione, non erano in grado di svolgere alcuni lavori pesanti per i quali erano preferiti i giovani. Grazie a questa precisazione sarà più facile fare una comparazione ed avere una chiara fotografia del momento che stiamo attraversando. Non bisognerebbe mai generalizzare, ma per fare questi esempi cercherò di prendere 2 ragazzi nella media, un ventenne di oggi e un ventenne di un tempo.

Un ragazzo di oggi come vive, cosa pensa e cosa fa? Immaginiamoci un ragazzo disoccupato sui 20 anni, da poco diplomato, che trascorre le giornate tra cellulare e videogiochi e rare uscite con gli amici. Di tanto in tanto, va a fare colloqui e forse qualche prova lavorativa che non viene superata, sia per cause personali, che per volere dell'azienda. Come sono le sue 4 leve riguardo il lavorare? (I punteggi assegnati sono ipotetici e servono solo a dare un valore personale con una scala da -10 a +10)

- **Leva personale:** Il lavoro? Sì, "si potrebbe anche fare", ma di sicuro non è una cosa che cerca con entusiasmo e volontà. Leva negativa -5

- **Leva relazionale:** La famiglia vorrebbe che lavorasse, che avesse un impiego ben pagato e con poco sforzo fisico (basta un lamento del figlio riguardo la pesantezza del lavoro e la mamma sarà d'accordo con le dimissioni decise dal figlio). Leva neutra 0

- **Leva sociale:** Al giorno d'oggi, ciò che va molto di moda è l'essere abbienti, l'avere più degli altri, quindi il non lavorare può essere più attraente di fare un lavoro di basso livello. Meglio farsi un bel selfie sulla spiaggia mentre gli altri sono a lavoro (è una dimostrazione di benessere economico e di essere "un figo") Leva negativa -2

- **Leva economica:** I soldi piacciono a tutti, anche ad

un giovane d'oggi, ma a differenza di altre epoche non sono una necessità, per più motivi: ci pensa la famiglia a fargli avere un tetto sulla testa, un letto comodo e a pagargli spese varie, e adesso lo Stato con il Reddito di Cittadinanza gli pagherà eventuali mancanze.

Leva positiva +6

Se andiamo a concludere l'operazione algebrica dei punteggi delle leve, il numero che otteniamo sarà negativo, equivalente a -1, di solito per passare all'azione, ed effettuare una scelta anziché un'altra, il totale dovrebbe essere positivo. Questo risultato è indicativo del perché si arrivi a quella grande percentuale di disoccupazione giovanile (il famigerato 30%), e del perché molti imprenditori (come me) fanno ancora fatica a trovare personale motivato da inserire nelle proprie aziende. Risultato? Molti ragazzi senza lavoro, molti posti vacanti.

Ora passiamo ad un altro esempio, prendendo un ragazzo nella media, sempre 20enne, ma in un altro periodo storico, gli anni '70 -'80. Un momento in cui l'economia era più forte, c'erano molte officine artigiane, la rincorsa al titolo di studio, l'ambizione del posto fisso, ecc... Le famiglie non erano quelle di oggi, il matrimonio era venerato e protetto, le amicizie erano reali e non digitali insomma, si potrebbe dire un bel momento. In realtà la fotografia dell'epoca è il risultato di scelte diverse delle persone. La politica faceva delle scelte, le persone facevano delle scelte e le fotografie immortalavano solo i risultati. Le famiglie erano molto più rigide e con esse la società stessa. Entriamo nella testa di un giovane ragazzo disoccupato di 20 anni dell'epoca, precisando che la quantità di ragazzi diplomati senza lavoro era molto più bassa di oggi. C'erano molte opportunità e venivano colte da tutti quelli che erano disoccupati. A differenza del suo coetaneo dei giorni nostri, questo ragazzo da poco diplomato trascorre le giornate alla ricerca di lavoro; nel poco tempo libero esce con gli amici per condividere biliardo, flippers e birre in compagnia. La famiglia preme molto verso il lavoro e la società, ragazze comprese, vede in maniera negativa chi non lavora.

- **Leva personale:** Il lavoro? Sì, è importante ed è disposto a tutto per trovarlo. Con il lavoro si sente più realizzato e completo, oltre che soddisfatto personalmente.

  Leva positiva +7
- **Leva relazionale:** La famiglia vuole farlo lavorare, lo sprona, lo aiuta economicamente ma lo rimprovera e gli fa pesare l'aiuto economico. Manifesta anche la

difficoltà relazionale (senza lavoro non ci si sposa)

Leva positiva +5

- **Leva sociale:** All'epoca il non lavorare aveva un significato negativo, significava essere un fannullone o un poco di buono (anche i benestanti lavoravano). Si era fieri di dimostrare il buon posto di lavoro più che uno stato sociale che non si aveva.

Leva positiva +3

- **Leva economica:** I soldi sono sempre piaciuti, ma all'epoca erano anche più apprezzati. Le famiglie davano il giusto valore al denaro e facevano pesare l'aiuto economico ai figli. Il prendere i soldi dalle famiglie, quindi, faceva sentire in difetto i giovani che cercavano così la loro indipendenza prima di tutto. Non c'erano Redditi di Cittadinanza a mantenere chi in piena salute non lavorava!

Leva positiva +8

In questo caso, andando a fare la somma algebrica, il totale è estremamente positivo (+23!). Secondo te chi avrà più possibilità di trovare un lavoro e mantenerlo nel tempo, tra i due ragazzi a confronto? La risposta è ovvia ed è la causa principale per cui abbiamo tutti questi ragazzi disoccupati al giorno d'oggi.

È importante spiegare e capire questo concetto perché oggi sono cambiate (e stanno cambiando ancora) delle “regole” riguardo queste 4 leve, che hanno portato soprattutto i giovani a fare delle scelte diverse riguardo il lavoro.
Conoscerle ci permette di evitare, come si fa spesso, di giudicare negativamente qualcosa o qualcuno e di entrare facilmente nelle polemiche. Essendo, anche qui, un concetto di numeri e matematica, il risultato condensato di un’azione non è altro che il risultato di un conto matematico di cosa conviene o no. Con questa conoscenza e coscienza si può inoltre indurre un cambiamento.

Le persone di solito osservano il mondo in cui vivono, pensando che quel mondo “esterno” sia in uno status quo per cui nulla si può fare per migliorarlo.

Ma non è così. Ovviamente ci sono livelli e livelli, diverse sfere d’influenza, ma parlando di lavoro e delle 4 leve ognuno di noi, credo che possa fare qualcosa per sé e per gli altri.Che tu sia un disoccupato, un lavoratore, un imprenditore, un genitore, un partner, un figlio, un amico, un follower (di qualcuno), hai di sicuro un’influenza e non solo su te stesso!

Ovviamente, se sei un genitore, hai molto più potere di un semplice conoscente di qualcuno e, come dico sempre, questo implica molta più responsabilità!

Una storia vera (da non seguire)

Ti voglio raccontare la storia di Pierluigi, un ragazzo che abita nel mio quartiere. Un bravissimo ragazzo di 24 anni che studia per diventare regista. Vive a Roma, i suoi genitori sono abruzzesi e gli pagano regolarmente l'affitto, oltre che la spesa, le bollette, il vestiario e il divertimento. Senza dimenticare la costosa scuola che sta frequentando, che ha una retta mensile da capogiro.

Pierluigi non lavora, dice di essere troppo impegnato nella formazione della sua carriera di regista.

Di mattina va a scuola, nel pomeriggio e la sera alterna le serate tv e divano alle discoteche più gettonate della città.

I suoi genitori non gli fanno alcuna pressione a cercarsi lavoro, lui non ha alcuna intenzione di fare il cameriere o il barista la sera per 2 motivi: "rovina la sua immagine", e si stanca troppo fisicamente, mi dice ogni volta che lo incontro.

Per lui è molto importante condurre uno stile di vita agiato, indossare vestiti firmati e girare con una bella macchina. Guadagnarsi questi privilegi, invece, non è tra le sue priorità. Mamma e papà spendono l'equivalente di uno stipendio e mezzo di un operaio per soddisfare le sue esigenze, e non avendo problemi di denaro, non riescono neanche a capire se e cosa stanno sbagliando con lui.

Pierluigi non ha nessuna leva che lo spinga a cercare lavoro, a guadagnare qualcosa, a contribuire al bilancio familiare. I suoi amici vivono più o meno come lui, (essendo figli di professionisti benestanti), la società non lo sprona a trovare occupazione, si nasconde dietro alla scusa dello "studio" per una professione altamente remunerativa, che però non dà nessuna certezza di riuscita. Il mercato dell'intrattenimento è saturo, moltissimi ragazzi oggi si sentono "artisti", cantanti, musicisti e performer, pochi di loro realizzano il loro sogno.

L'anno prossimo, Pierluigi terminerà il suo percorso di studi.
Cosa farà, a 25 anni senza alcuna esperienza lavorativa?
Cosa gli riserverà il futuro?
Come già detto in precedenza, il lavoro rappresenta una parte fondamentale della vita di ogni individuo, non solo per una mera questione economica.

L’unico impegno che ha al momento, terminerà il suo naturale ciclo.

Di queste situazioni, l’Italia ne è pregna. Non credo sia un problema avere una passione, anzi, quella di solito ti sprona e spinge a fare di più. Il problema è un altro.

Il problema sta nel fatto che la mancanza di necessità sta facendo perdere delle importanti virtù alle persone.

Pierluigi potrebbe continuare a studiare e a frequentare la scuola, ma sarebbe opportuno imparasse anche a mantenersi e a risolvere i problemi della sua sopravvivenza, altrimenti, oltre a fare un danno alla famiglia e alla società, creerà un danno a sé stesso. Vivendo in una bolla dove non ha imparato a stare in piedi da solo, sta anche perdendo una parte di vita importante. Non ha ancora trovato sé stesso e questo potrebbe riflettersi negativamente nella sua passione e nella sua vita privata.

Come potrà sentirsi soddisfatto? Come potrà creare, un giorno, una famiglia? Ecco, io credo che a questo punto ci sia una discrepanza tra realtà e sogno. Si può e si deve essere soddisfatti di sé stessi anche se non si è raggiunto il livello massimo che si desidera. Ad un ragazzo dovrebbe interessare prima di tutto imparare a stare in piedi da solo! Altrimenti qui si fa scuola di volo per imparare a volare e nel frattempo, invece di camminare, si va ancora in giro in braccio a mamma e papà!

RIASSUNTO CAPITOLO 4:

- **Ci sono 2 cause “fisiologiche” della disoccupazione: La ricerca di lavoro e la rigidità salariale;**
- **Nei più giovani si riscontra poca consapevolezza;**
- **Decisioni sbagliate vengono dall’ignoranza (o meglio, “non-conoscenza”);**
- **Stage insufficienti;**
- **Centri per l’impiego inesistenti;**
- **Mancanza di cultura del lavoro delle nuove generazioni;**
- **Non è sempre possibile fare delle proprie passioni un lavoro;**
- **I genitori sono troppo accondiscendenti;**
- **Tanto più renderai la vita facile a tuo figlio quando è piccolo, tanto più la troverà difficile quando sarà grande;**
- **Non godiamo di ciò che abbiamo, ma di quel che conquistiamo;**
- **La società premia chi mostra e non chi “è”;**
- **Lo stato premia senza distinguere chi non può da chi non vuole;**
- **Il Reddito di Cittadinanza è “una promessa utile alle elezioni”;**

- **Ognuno di noi è mosso da 4 leve;**
- **Per far tornare la voglia di lavorare a chi non ce l'ha, dobbiamo far diventare il lavoro una "necessità".**

BONUS 3:

7 ERRORI SUL LAVORO

http://www.leonardoleone.net/bonus_libro_3

Capitolo 5:
La crisi

Anche tu avrai sentito parlare più volte di crisi, così tanto che forse, come me, potresti essere stanco di sentire questo termine. Le statistiche negative riguardo le attività che chiudono, ci sono e purtroppo sono reali, ma è solo una parte della realtà. Da alcuni media vengono diffuse solo le notizie negative, e soprattutto senza parlare della causa, come se il tutto potesse accadere solo per sfortuna, mandata da chissà quale entità diabolica. Se questo accade, accade per un motivo... qualcuno ci guadagna.

Chi potrebbe guadagnarci? Chi diffonde la notizia e chi ha bisogno di un clima simile. Senza andare oltre con questa, che può sembrare, una mera polemica, vorrei parlare delle cause della crisi e non solo dell'effetto.
La causa che ha diffuso e sta diffondendo questa malattia chiamata "crisi", dove da una parte ci sono le aziende che chiudono e dall'altra persone senza lavoro, si chiama prima di tutto ignoranza (secondo il mio punto di vista). Ignorare che il mondo sta cambiando e con lui le sue regole è un errore gravissimo!

Dobbiamo accettare il fatto che ciò che funzionava negli anni '70-'80-'90-2000 purtroppo oggi non funziona più.

A malapena funziona qualcosa di questi ultimi 10 anni. Tutto è sempre più veloce, iniziando dalla tecnologia che di anno in anno accelera il suo sviluppo. Nel marketing, addirittura, le regole di oggi potrebbero non essere più valide tra 6 mesi. Tutto è in continuo ed inarrestabile movimento, come lo scorrere del tempo. Non lo si può fermare, nonostante il susseguirsi delle stagioni e le rughe che appaiono. Tutto è in continuo cambiamento anche senza il nostro consenso o controllo. Una cosa è certa come dètta madre natura:

in questo mondo ciò che non cresce, è destinato a morire.

Questo lo si può osservare nelle aziende, come nei posti di lavoro, anche quelli statali. L'ignoranza, oltre a farti entrare in crisi e perdere soldi, azienda o vita, è quella che non ti permette di vedere le vere cause e responsabilità. La mancanza di informazioni molte volte ti fa semplicemente puntare il dito verso qualcosa o qualcuno per giustificare il tuo insuccesso. Se non sai, non puoi nemmeno capire né tantomeno risolvere. Leggendo queste parole potresti anche tu provare delle emozioni diverse, di sorpresa oppure di contestazione. Può sembrare semplicistico ridurre ad una semplice parola come “ignoranza” o “scarsità di informazioni” un concetto importante come la crisi, che porta con sé migliaia di aziende chiuse, soldi e beni persi.

Non voglio dire che la preparazione farà sì che nessuna azienda chiuderà, anche perchè non saranno mai tutti preparati abbastanza, ma si potranno ridurre drasticamente le perdite. Ci saranno sempre aziende o interi settori in crisi, ma gli imprenditori preparati le avranno già previste con le opportune strategie di adattamento e cambiamento, per ridurre al minimo le eventuali perdite. In certi casi molti imprenditori, oltre me, hanno cavalcato così bene i cambiamenti del mercato da trarne più vantaggio che svantaggio.

Un esempio preso dal mio vissuto può essere il boom dei solarium, erano gli inizi della mia carriera da imprenditore (fine anni 90, primi anni 2000). L’abbronzatura era un must-have, più eri scuro e più eri “figo”! Nei centri di abbronzatura si arrivava a fare la fila per fare una lampada. Il business era anche facile: poco o zero marketing, bastava una “bella” receptionist e delle buone macchine abbronzanti ed il gioco era fatto. L'estetica ricopriva un ruolo marginale all'interno di un centro occupando un 10-20% dell'incasso totale. Il resto veniva dalle lampade, dove il ricarico era pazzesco. Una lampada venduta a 6000 lire aveva un costo di elettricità pari a 500 lire e tra costo ammortamento, monouso e manutenzione non si superavano le 2000 lire. Potevi erogare 200 lampade al giorno con un solo stipendio da pagare, lascio a te il calcolo di quanto si poteva guadagnare in un mese.

Peccato però che io arrivai alla fine di quella bellissima parentesi che ha permesso in 20 anni di far diventare ricche molte persone, tra cui proprietari di centri, produttori di apparecchiature e i rappresentanti che le vendevano. Ovviamente non tutti sono riusciti a farci molti soldi, perchè anche lì, quello che poteva sembrare semplice per alcuni, senza le giuste informazioni, poteva essere impossibile per altri.

Io arrivai nel momento in cui quella parentesi si stava chiudendo, difatti il primo negozio che presi era in estrema crisi. Lo dovetti chiudere dopo pochi mesi... Potevo anch'io dare la colpa alla crisi e tornarmene a lavorare “sotto padrone” con i miei debiti, ma non lo feci, perché guardandomi intorno scoprii che c'erano molti come me, in "crisi", ma anche molti altri che prosperavano con le loro aziende di successo. Non mi sono mai sentito super intelligente, anzi, ma ho sempre saputo che 2+2 fa 4 e il fatto della "crisi" non mi tornava.

Il non accettare quel dato, che di fatto per molti era ed è una normalità, mi permise di imparare la mia prima lezione. Cavalcando quel settore in "cambiamento" fui costretto ad adattarmi e a cambiare con esso. Oggi, nelle decine di centri estetici che possiedo e che decisi di tenere dopo il 2013, (anno di incassi eccellenti) solo il 10-20% dei guadagni deriva dal solarium, la restante parte dall'estetica. Incredibile, vero? La situazione è completamente opposta a quella di quando cominciai. Se fossi rimasto rigido sul solarium, mi sarei estinto come hanno fatto molti proprietari di negozi, industrie e commerciali del settore. Probabilmente se adesso intervistassimo uno di loro, ci racconterebbe una storia diversa da quella che sto dicendo io, e la protagonista sarebbe di sicuro la crisi.

Sono felice di condividere con te la storia di una crisi che si è trasformata in un esempio virtuoso. Grazie al duro lavoro, alla voglia di cambiare e al concetto, sacrosanto, per cui "l'unione fa la forza", un gruppo di lavoratori può decidere di cambiare il proprio destino.

STORIA REALE WORKERS BUYOUT

Sai cosa significa **"Workers buyout"?**
In italiano potremmo definire "Impresa rigenerata" quell'azienda, società o impresa in cui i dipendenti, attraverso una ristrutturazione aziendale, usando i risparmi, il Tfr o l'indennità di mobilità, acquistano la proprietà della società o di una sua parte.

Nel nostro Paese, questa pratica ha registrato un boom a partire dal 2008, inizio della crisi economica.
Tra il 2007 e il 2014 si è passati da 81 a 122 casi, e dal 2013 al 2018 questo dato è aumentato dell'80%.
Al netto delle esperienze che hanno chiuso, a fine 2014 si contavano più di 100 attività recuperate, e se questo dato è in aumento non si tratta di una casualità.

Come ho già avuto modo di dire, il caso non esiste, e questi esempi virtuosi hanno, a mio modo di vedere, ragione di esistere per 3 motivi:

- L'aumento della disoccupazione;

- La contrazione del settore manifatturiero;
- Il numero crescente di chiusure aziendali.

Gli studiosi evidenziano un “buon” **tasso di sopravvivenza** delle fabbriche recuperate, la vita media di un workers buyout è di circa 13 anni, allo stesso livello delle imprese tradizionali.

La storia della copisteria Zanardi di Padova è divenuta celebre, raccontata perfino sul New York Times.
Nel febbraio 2014, l’imprenditore Giorgio Zanardi si è impiccato in azienda, perché sommerso dai debiti.
Pochi giorni prima la società, che contava più di 100 dipendenti, aveva chiesto il concordato liquidatorio.
24 lavoratori non si sono arresi e hanno rifondato una cooperativa sulle ceneri della vecchia copisteria. Nel primo anno di attività, l’azienda ha fatturato 2,5 milioni di euro.

Il sistema è davvero lodevole, ma affinché tutto resti in piedi, c’è bisogno di competenze per compilare un piano di rilancio in grado di far rientrare gli investimenti, di avere nozioni di imprenditoria, altrimenti al di là della buona volontà il rischio di fare un altro buco nell’acqua è grande.
È esattamente in queste condizioni che si crea terreno fertile per i consulenti, liberi professionisti esperti di marketing e

impresa che, come è giusto che sia, fanno pagare a caro prezzo il loro tempo e il valore che apportano alle aziende. Mi è capitato spesso in passato di partecipare al rilancio di attività, di fare consulenze *ad hoc* per aziende in ginocchio o neo-nate e, grazie alla mia esperienza, ho avuto l'idea che ha dato senso al mio percorso come formatore.

Nel nostro Paese non esiste una vera scuola di imprenditoria che formi i professionisti fornendo conoscenze pratiche: i percorsi universitari, per quanto di rilievo e con docenti di eccellenza, sono più orientati verso nozioni teoriche, e frequentare l'università mentre si è a capo di un'azienda, non è un'opzione percorribile a livello di tempo.
Per questo motivo uno dei miei obiettivi come essere umano e come formatore è quello di costruire scuole di imprenditoria in ogni città d'Italia.

Sto parlando di un progetto pensato per i giovani e per i professionisti, con diversi livelli di difficoltà e materie di studio pratiche (quelle che occorrono per produrre denaro).
Una delle problematiche più grandi del settore manifatturiero nel nostro Paese è che i dirigenti e gli amministratori spesso non sono pronti alle novità sul tema di marketing online, leadership e digital strategy.

Il mio sogno è quello di rendere questi contenuti fruibili a tutti, sdoganandoli e rendendoli pane quotidiano di chiunque voglia aprire una nuova attività, dal negozio di alimentari di paese, alla fabbrica, all'agenzia di servizi.

Un altro aspetto importante da considerare è che la crisi, oltre ad avere un grande potere e ad essere molto diffusa, sembra esistere da sempre. Come è accaduto nei precedenti capitoli, vorrei andare oltre il ritratto che la società e i media ci danno e capire meglio di che cosa stiamo realmente parlando. La crisi non è la novità del momento o una sfortuna temporanea, c'è mentre sto scrivendo, c'è sempre stata negli anni e ci sarà anche domani! Questo perché la crisi non viene determinata dal tempo o dagli eventi, ma fondamentalmente dall'atteggiamento.

Ci vogliono far credere che la crisi
sia come una malattia virale

e che potremmo essere noi le sue prossime vittime, ma non è così. Per "fortuna" nella mia visione ho riscontrato che dietro un "fallimento" esiste sempre un responsabile. Anche se un mercato, un settore, un prodotto può entrare in crisi, non significa che le aziende e gli amministratori debbano fallire. Quando sento notizie di imprenditori che arrivano a togliersi la vita, provo un dolore immenso misto ad un senso di impotenza e rabbia. Si poteva evitare! Puoi anche chiudere un'azienda, perdere soldi, avere milioni di debiti, ma la vita vale molto di più, sia per te che per tutti i tuoi cari. Pensando a quegli imprenditori, penso anche alle mogli e ai figli, che invece sono rimasti qui, tra difficoltà e dolore.

Anche se il titolo di questo libro parla della disoccupazione, in questi capitoli, come in altri, sto mettendo tutto me stesso per trasferirti le informazioni che aiuteranno te e me a prevenire e ridurre la manifestazione di questi eventi, oltre a risolvere il problema della disoccupazione o della chiusura o non apertura delle aziende. Le aziende non sono altro che il riflesso della mentalità dell'imprenditore che ci sta dietro. Capisco che certe aziende realmente possano avere un calo o un azzeramento del fatturato, ma questo non accade perchè sono state colpite da una malattia, ma semplicemente perchè, quel prodotto o servizio che vendono, non interessa più al mercato.

La mancanza delle giuste informazioni degli imprenditori chiarisce chi sono i responsabili. Se un'azienda di film a noleggio fallisce, possiamo evitare di dare la colpa a Dio, a chi ha scelto di non comprare più vhs, alla politica, all'Europa, a Draghi, a Prodi, a Berlusconi, all'Euro, ai Clandestini?!? Il mercato determina cosa realmente ha valore oppure no, non ci sono buoni o cattivi, fortune o sfighe, o malattie chiamate "crisi" che possono colpire qualcuno più di altri. Ovviamente è più facile deresponsabilizzarsi e dare la colpa a qualcosa o qualcuno. Come mi piace dire ai miei corsi:

ogni medaglia ha un suo dritto ed un suo rovescio.

Sta a noi cercare di capire qual è l'opportunità del momento e quale il problema da risolvere o ovviare. È più facile dare la colpa agli altri, non lo metto in dubbio, ma quando lo facciamo, dichiariamo implicitamente a noi stessi di avere zero potere a riguardo, rendendo ancora più difficile trovare una soluzione. Quindi che cos'è realmente la CRISI?

Nient'altro che un'immobilità dell'imprenditore, il quale ha scelto di smettere di investire su sé stesso e/o nell'azienda per informarsi e formarsi, causando poi un'inadeguatezza rispetto alle richieste del mercato in cui opera. Ci sono dei casi in cui il mercato fa dei cambi repentini anche da un anno all'altro, come ad esempio, il passaggio tra analogico e digitale che ha stravolto vari settori. Alcuni imprenditori sono stati capaci di cavalcare quel cambiamento, investendo e ritrovando il giusto incrocio tra ciò che offrono e ciò che il mercato in quel momento ha scelto di volere, mentre molti altri si sono lasciati andare, rimanendo fermi, immobili, su vecchie scelte e su ciò che facevano da tempo. La vita ed il business, per come li vedo io, possono essere paragonati ad una scala mobile al contrario, non salendo pensi di rimanere fermo, mentre in realtà stai andando indietro.

Ti riporto anche l'esempio dell'azienda più famosa al mondo di film a noleggio in videocassetta, "BLOCKBUSTER" (chi ha più di 30 anni credo abbia preso almeno una volta un film da loro). Da leader di un mercato a livello mondiale, si sono completamente estinti nel giro di qualche anno. Facile dire, "la CRISI!". Nella realtà delle cose, in quel momento le persone sono state messe davanti ad una scelta: uscire ed andare a noleggiare un film, per poi ritornare a riconsegnarlo, (solo io penso di avergli regalato molti soldi per le riconsegne tardive!) oppure scegliere di noleggiare da casa, cliccando un semplice bottone, senza avere poi l'incombenza di dover riportare indietro qualcosa. La risposta è ovvia e la storia la conosci già. BLOCKBUSTER ha fallito e quasi tutti utilizzano NETFLIX. Non è però ovvio che quell'azienda dovesse per forza chiudere. Possedeva la cosa più importante, un mercato abituato a comprare da lei. Secondo il mio punto di vista, in quella situazione poteva facilmente cambiare direzione, andando a posizionarsi per prima e da leader nel digitale. Potevano fare un accordo con le tv a pagamento del momento, potevano crearne una o inventarsi una cosa diversa per rispondere alla necessità del mercato che era diventata "poter vedere i film senza uscire di casa". Chi l'ha fatto in seguito al suo posto? NETFLIX. Una piccola aziendina che come start-up si proponeva di far rivedere film in streaming.

Ma andiamo con ordine:
Siamo alla fine degli anni '90, Blockbuster era un gigante dell'industria del divertimento, con quasi 5000 negozi in ogni parte del mondo.
A quei tempi "andare da Blockbuster" era un'abitudine, da fare non senza una certa eccitazione.
Colori sgargianti, negozi grandi e luccicanti, pieni zeppi di locandine dei film. Alla cassa c'era anche la possibilità di comprare snack di ogni tipo: dalle patatine ai burrosi "cookies" americani, ma anche bibite e popcorn, per organizzare la serata all'insegna del cinema.

Non posso fare a meno di ricordare un aneddoto che risale al 2000:
Un 20enne di Boston, di nome Reed Hastings, cercava in tutti i modi di incontrare il capo di Blockbuster, che ai tempi era John Antioco. Aveva intenzione di proporgli una start-up fondata 3 anni prima, che faceva vedere i film in streaming. Quella start-up si chiamava Netflix. Quando il giovane Hastings riuscì ad incontrare Antioco, in Texas, gliela propose per 50 milioni di dollari. Il boss di Blockbuster gli scoppiò a ridere in faccia. Sappiamo tutti come andò a finire, qualche anno dopo Blockbuster chiuse tutti i 4800 store, Netflix divenne un impero da oltre 170 miliardi di dollari.

Attraverso questo esempio mi auguro di averti fatto percepire meglio ciò che voglio trasferirti,

tu puoi creare il tuo successo o il tuo fallimento.

Questo non significa che ogni azienda che aprirai dovrà avere per forza successo al primo colpo, ma significa che le tue aziende rispecchieranno Te e le tue informazioni. Potrai mancare qualche obiettivo, chiudere un negozio o anche di più, ma il tutto, se vorrai, potrà essere propedeutico al successo che avrai in seguito. Se accetterai di metterti sempre in movimento ed in discussione, farai molta strada conquistando quello che vorrai, sia ovviamente a livello imprenditoriale, che lavorativo.

Anche all'interno delle aziende si può avere una grande crescita: ci sono amministratori delegati che sono super milionari, ci sono manager che hanno stipendi da calciatori. Non ci sono limiti alla crescita professionale ed economica. Sarà facile? Assolutamente no, come in tutte le cose importanti della vita. Avrai sicuramente notato che tanto più sono importanti, tanto più necessitano di grandi investimenti, in denaro, in considerazione e in tempo. E nonostante tutto, portano con sé un'alta percentuale di rischio di insuccesso. Non tutti ce la fanno, anzi, sono in pochi. Più si punta in alto, più è complicato raggiungere l'obiettivo e meno sono le persone che ce la fanno. E non è la fortuna che fa accadere ciò, ma la selezione naturale. Non a tutti va di rompersi la testa con lo studio, con la lettura (come stai facendo tu) e con le difficoltà di vario tipo che si incontrano.

Secondo ISTAT nel 2016, 33 milioni di italiani dichiarano di non aver letto nemmeno un libro (57%)

Pensa che di quel 47% di persone che ha comprato libri e letto qualcosa, oltre l'80% di loro ha comprato libri che non ha mai letto o che non ha terminato. Questa parentesi sulla lettura spero ti abbia illuminato su quanto sia determinante una forza di volontà ferrea, in questo caso di continuare a crescere ed imparare. Si cresce in 2 sole maniere:

- Per esperienza diretta (cose che vivo direttamente, errori che faccio);
- Per esperienza indiretta (cose che osservo, leggo e imparo da altri).

Per imparare quello che c'è scritto in un libro dovrei vivere la vita di quella persona. Quindi per equiparare la lettura di 50 libri dovrei vivere quasi 50 vite.

Se vuoi un accenno della mia *forma mentis*, che è quella che mi ha permesso di essere qui a scrivere questo libro e di avere un gruppo di oltre 260 dipendenti, ti do una dritta: la mia scuola di vita è stata il famoso marciapiede! Proprio lui, con oltre 20 anni di "strada" e più di 1 milione di euro speso in errori. Questo mi ha permesso di realizzare quello che desideravo senza l'aiuto di nessuno, non perchè non lo abbia voluto, ma perché sia mio padre, che le persone che ho incontrato, non sono state in grado di insegnarmi quello che volevo, non avendo loro stesse raggiunto quelle mete. Sono dell'idea che se anche tu hai una grande volontà di crescere e migliorare, puoi farlo. Non ci sono certezze matematiche ma se hai voglia di rischiare e di investire a fondo perduto sui tuoi tentativi, se sei costante, otterrai quello che cerchi.

Puoi anche scegliere di prendere una scorciatoia, come hanno fatto centinaia di persone, in modo da non rischiare ed avere la sicurezza al 100% del risultato. Come? Semplice, come dico sempre nei miei eventi, acquisendo il metodo che ha già permesso ad altri di ottenere il risultato che vuoi in quel settore. Ovviamente

chi ti fornisce il metodo deve aver raggiunto quello che tu vuoi ottenere!

Io iniziai con la mia prima attività senza nessun metodo o mentore… Il mio primo negozio fu un vero fallimento.

Attirato dal prezzo basso dell'immobile, aprii il mio primo centro estetico all'interno della struttura di un ente statale, dove la visibilità era pari a zero e la difficoltà di crearsi una clientela era estrema.
Cominciai accumulando debiti, le entrate a malapena riuscivano a coprire le spese, non riuscivo a pagare l'affitto,

ero nel pieno di una crisi.
Credendo che il motivo di quella crisi fosse, oltre che il mercato, anche lo stato del negozio stesso, decisi di chiudere per ristrutturare. Quella serranda non si rialzò, non avevo i soldi per finire i lavori né per pagare i vecchi debiti.

Senza un soldo in tasca e con parecchi conti da saldare, tornai a fare quello che facevo prima: vendere. Solo in quel modo mi sarei procurato i soldi necessari per andare avanti e, chissà, ripagare qualche debito. Attraverso l'esperienza nel mercato dell'estetica "da operatore", imparai quella parte che non ero stato in grado di fare mia nel negozio. Mentre guadagnavo denaro, imparavo anche cosa faceva funzionare o no un negozio di estetica, e perfezionai quella conoscenza sul campo con degli studi specifici su marketing, vendita e management. Avendo supportato e portato al successo aziende di clienti, decisi di provare a riaprire la mia, nonostante fossero passati più di 2 anni dalla chiusura. In questo mi aiutò la "fortuna": essendo un negozio di un ente, che non voleva nessuno, era ancora in mio possesso, nessuno aveva cambiato le serrature né mi aveva convalidato lo sfratto.
Finii i lavori, pagai i debiti e riaprii il negozio.
Da lì a 6 mesi, applicando le strategie di marketing e vendita

che avevo imparato, studiando "sul campo", superai i 10 milioni di guadagno mensili, da quello stesso negozio che avevo dato per spacciato. Questo mi permise di trovare un acquirente, rientrare di tutte le spese e di avere un margine... e fu solo l'inizio! Da quella esperienza imparai che ormai avevo le chiavi del successo anche per un centro estetico fallito, per questo iniziai ad andare alla ricerca proprio di quelle attività. Per anni il mio sport preferito fu intercettare aziende in difficoltà per aiutarle o rilevarle, per poi rivenderle ad un prezzo superiore una volta avviate.
Tutto serve, anche e soprattutto le difficoltà, se hai voglia di continuare ad imparare e se riuscirai con il tempo a riconoscere le CRISI e a trarre da esse un'opportunità."

L'esperienza puoi scegliere di farla o di comprarla.

Se ti capiterà di sbagliare, perdere o fallire in qualcosa, avrai la possibilità di vivere anche tu le tue "sane crisi" che ti permetteranno di crescere.

CRISI RISANATRICI o FEBBRI DI CRESCITA

Nelle mie crisi ho imparato varie cose, e avendoti espresso

in precedenza il mio pensiero, adesso posso parlarti delle reali difficoltà che si incontrano imprenditorialmente al giorno d'oggi. Come ti dicevo ogni situazione o momento, come in una medaglia, porta con sé i suoi pro e i suoi contro.

Prendi come esempio un dopoguerra: di negativo sai che è drammatico, tra dolore e distruzione, ma porta con sé anche un suo dritto, molte opportunità. Porta la possibilità di ricostruire, quindi molti posti di lavoro, essendoci molta più offerta che richiesta. Porta con sé la volontà e l'entusiasmo di vivere, essendo sopravvissuti ad una morte che purtroppo ha colpito molti altri.

Mentre oggi per noi è completamente diverso. È un momento in cui viviamo una tranquillità estrema, soprattutto i ragazzi di oggi, che non hanno quasi nessuna difficoltà legata alla sopravvivenza o al mangiare. C'è tutto e anche di più, siamo in un momento di eccessiva offerta e minor richiesta. Ti basti pensare che una famiglia che consuma più o meno qualche migliaio di prodotti in un anno, può entrare in contatto in ogni momento con milioni e milioni di prodotti senza uscire di casa, ma utilizzando semplicemente uno smartphone.

La prima difficoltà reale per un'azienda, al giorno d'oggi, è

vendere. Molte aziende che parlano di crisi hanno chiuso o sono a un passo dal farlo per questo problema.
Ovviamente c'è una distinzione importante da fare: le aziende con prodotto/servizio invendibile (quindi in chiusura) e le aziende in crisi per incapacità di vendita del proprio prodotto/servizio. Nel secondo caso c'è una soluzione, anche molto semplice: queste aziende dovranno acquisire un metodo (informazioni) che permetterà loro di imparare a vendere e a creare sistemi per farlo.

Per il primo caso l'unica soluzione non riguarda la vendita, ma il marketing. Si tratta dello strumento necessario che permette, attraverso un'analisi, di capire se un mercato vuole o non vuole un determinato prodotto/servizio. Questi test andrebbero fatti prima di creare un'azienda o di immettere un prodotto/servizio in un mercato. Oltre queste 2 problematiche che accomunano le aziende fallite o in estrema difficoltà, ne aggiungo io una terza: il management.

Ritengo che molte aziende italiane, (quindi molti imprenditori e molti manager), siano impreparate. Questo significa che non sanno impostare, organizzare e gestire la loro azienda, per farti una simpatica e calzante similitudine, è come mettere al volante di un'automobile una scimmia.

Magari la scimmia andrà avanti qualche metro (l'azienda otterrà qualcosa), ma il risultato finale è (nel 99% dei casi) che la scimmia "pilota" centrerà un albero.

Torniamo di nuovo al discorso CRISI=IGNORANZA. Questo accade per due motivi: improvvisazione,(quando ci si sente imprenditori sin dal momento di apertura di una serranda), e poca cultura generale riguardo il business e la finanza.
Mi piacerebbe, ora, trasferirti tutta la fiducia e la sicurezza che ormai dopo 20 anni ho acquisito nel mercato, e liberarti da tutte quelle paure che inibiscono la creazione di qualcosa di tuo.

Ci sono casi in cui la "sfortuna" è oggettiva, sto parlando di modelli di business che apparentemente funzionano e all'improvviso smettono di farlo, per ragioni indipendenti dall'operato dell'imprenditore. Personalmente, chi mi conosce lo sa, credo poco alla sfortuna, molto spesso la vita e le situazioni "tolgono" qualcosa alle persone, ma la tenacia può far sì che si ottenga qualcos'altro nel futuro, anche se non è immediato. Questo può accadere soprattutto se si è stati in grado di acquisire quell'esperienza, il famoso "imparare la lezione". La chiave del successo, quindi, è la preparazione. Ad ogni accenno di paura, insicurezza, ad ogni difficoltà, rispondi a "colpi" di preparazione, questo porterà anche te a collezionare successi. Non sarà tutta discesa! Possono essere molteplici le problematiche: la resistenza del mercato, i competitor, alcuni dipendenti indisponenti! Ricorda che la guerra non si vince o perde con una battaglia, ma con la somma delle vittorie e delle sconfitte. Vincerai la tua guerra essendo preparato e costante.

RIASSUNTO CAPITOLO 5:

- **Bisogna accettare che ciò che funzionava negli anni '70-'80-'90-2000 purtroppo oggi non funziona più;**
- **La causa che ha diffuso e sta diffondendo questa malattia chiamata "crisi" non è altro che "l'ignoranza";**
- **In questo mondo, tutto quello che non cresce è destinato a morire;**
- **La crisi non è una "malattia virale";**
- **Dietro ogni fallimento c'è sempre un "responsabile";**
- **Ogni mercato, settore, prodotto può attraversare un momento di crisi, ma ciò non significa che le aziende e gli amministratori debbano fallire;**
- **Sta a noi cercare l'opportunità del momento e capire quali problemi risolvere o ovviare;**
- **Sei tu a creare il tuo "successo" o il tuo " fallimento";**
- **Un esempio da seguire: Workers buyout, i dipendenti prendono le redini di un'azienda in difficoltà;**
- **Il 57% degli italiani ha dichiarato di non aver mai letto un libro;**
- **Puoi fare tu stesso o comprare l'esperienza;**
- **Chi ti fornisce il metodo deve aver ottenuto i risultati che tu vuoi ottenere;**

- **La crisi ha uno scopo benefico, farti crescere.**

BONUS 4:

7 ERRORI BUSINESS

http://www.leonardoleone.net/bonus_libro_4

Capitolo 6: Imprenditoria

CHI È UN IMPRENDITORE

Prima di iniziare a parlare dell'imprenditoria, è necessario capire bene chi è un imprenditore. Credo che questa premessa sia utile sia per chi ancora non è un imprenditore, sia per chi già gestisce le proprie aziende. Mentre scrivo medito anch'io sulla parola "impresa", mettendola a confronto con i miei oltre 20 anni nel mercato. Riflettendo, mi rendo conto che molta gente non ha idea di cosa sia un imprenditore.

Dobbiamo, prima di cominciare, fare una distinzione importante: ci sono gli imprenditori "parassiti" e gli imprenditori "creatori". Per i primi ho poche parole da spendere, ma chiarisco subito il fatto che non sono la dimensione dell'azienda, i soldi e il tipo di business, che determinano la tipologia di Imprenditore. È l'intento ed il modo di agire dello stesso, la passione che lo smuove a fare impresa, a determinare quale imprenditore vuole essere. C'è da dire che ci sono settori che non interessano per nulla ad un creatore, se investi lì sei un parassita. Sono tutti quei settori in cui invece di **"dare valore"** alle persone, lo si toglie: tabaccherie (vendono morte!), centri scommesse che vendono schiavitù e povertà... Mi fermo qui per non far incazzare molti imprenditori che hanno scelto questi settori e che ora stanno leggendo questo libro. Non ho problemi a far incazzare qualcuno che sta sbagliando qualcosa, ma vorrei che arrivasse il messaggio corretto anche a loro.

Un'altra precisazione importante da fare a questo punto, è quella legata al fatto che un imprenditore "parassita" non è sempre stato così e non è detto che rimanga tale. Un essere umano arriva anche a commettere "reati" contro i propri valori, se deve soddisfare i propri bisogni. Così, inconsapevolmente, alcune persone entrano in tipologie di business per guadagnare, senza preoccuparsi delle conseguenze e dell'impatto che hanno nel mercato e con le persone. In questo caso nulla da dire e da giudicare, fatta eccezione per quelle persone che volutamente se ne fregano. Hanno le informazioni giuste ma decidono di lucrare sulle spalle degli altri, esattamente come un parassita.

Fatte tutte le precisazioni del caso, e, prese le distanze da chi cerca di far soldi senza scrupoli, posso aprire la parentesi degli imprenditori "creatori". Sono coloro che sono dotati di un livello di coscienza così elevato che la scelta del settore e del lavoro da fare viene valutato anche sull'impatto verso il prossimo. Io mi ritengo uno di questi, considerando che all'apertura del mio primo negozio potevo scegliere settori più economici e profittevoli dell'estetica. Ma chi è un "creatore"? È davvero semplice, un creatore è

l'imprenditore per eccellenza,
colui che crea per sé, dando agli altri.

Ci sono moltissimi esempi di creatori, oltre me. Non c'è bisogno che ti faccia nomi, prova tu a pensare a 3 grandi imprenditori italiani. Pensa a quello che hanno realizzato. Di sicuro non hanno fatto scoperte come degli scienziati, ma hanno migliorato la vita di molte persone, iniziando dalle famiglie dei dipendenti, passando per i loro fornitori e arrivando ai clienti, a cui hanno dato valore con i loro prodotti. Con una descrizione del genere, sono sicuro che anche tu stai provando una sorta di ammirazione. È davvero strano perché, nell'immaginario collettivo, l'imprenditore non è ben visto dalle masse. Ci sono rari casi, ma si parla di imprenditori divenuti personaggi di natura pubblica, come Steve Jobs.

Non credo che le persone vogliano pensar male, di base, degli imprenditori. Credo che questo sentimento negativo sia la naturale conseguenza di molti parassiti che, dall'epoca industriale ai giorni nostri, hanno agito con poca etica non rispettando l'essere umano. Questa poca etica, ci ha regalato un ritratto montato e gonfiato da media e sindacati, ed è così che l'imprenditore è diventato, nell'immaginario collettivo, uno "spremitore di vite". Io ho vissuto da entrambe le parti della barricata, sono stato dipendente e poi imprenditore, sono andato oltre il sistema di credenze generale e sono entrato nella realtà delle situazioni. Se mi stai leggendo in questo momento, è proprio per questo, perché ho deciso di portare alla luce la realtà. È giusto che tu sappia tutto su un imprenditore, cosa pensa, cosa vive e soprattutto come vive.

Lo sai che un imprenditore, (iniziando da quelli delle micro imprese), di solito arriva prima e va via per ultimo nella sua azienda? Che oltre al rischio di lavorare senza guadagnare, rischia di perdere quello che ha e di ritrovarsi indebitato?
Che, rispetto al lavoratore, le associazioni e le federazioni di settore lo tutelano poco o niente? E che le tipologie di contratti previste sono tutte a favore del lavoratore?
Di solito, come è successo a me, gli imprenditori non hanno una vita privata, non riescono. Quando hai una reperibilità fisica e mentale 24 ore per 365 giorni all'anno, resta difficile

far combaciare impegni, famiglia, amici e tutto il resto. Iniziando dal partner e arrivando alle amicizie.

Prendiamo il mio caso: oggi sono libero finanziariamente, ho aziende che vanno avanti da sole e in cui non metto piede da mesi o anni, eppure sai dove sono ora? Da solo, nella mia casa al mare. La mia famiglia è a Roma e per essere concentrato e per dare il 1000%, ho scelto di non essere con loro nemmeno in questi giorni di relax, per dedicarmi alla scrittura. Pensi che lo faccia solo per me? Per avere un altro libro best seller? No, credimi, dopo tutte le cose belle che ho comprato ed i successi personali che ho avuto, penso di aver saturato quella mia parte egoica che scalpitava quando ero nelle case popolari. Sono felice di essere qui, sento che questa è la cosa giusta per me e mi auguro lo sia anche per te. Se diverrà un best seller sarò ancora più felice, vorrà dire che ho creato un successo per me dando ad altri.

Adesso fuori sta piovendo, sono quasi le 23 e molte persone in una casa così grande si sentirebbero sole o a disagio. Io invece mi sento grato, provo entusiasmo e non mi sento solo, sto parlando con te, anche se non so quando mi leggerai. Non pensarci. Il tempo di delay tra la battitura e la lettura è solo una percezione. Per me in questo momento, sei al di là del mio schermo, come fossimo in chat. Mi sento in connessione con te, e penso che ogni individuo sia in qualche modo collegato, quando scegli di fare del bene o del male al tuo prossimo, lo stai facendo anche a te stesso. Dicono che un certo capellone, 2000 anni fa, già dicesse una cosa del genere. Dopo di lui, altri personaggi eminenti del passato lo hanno ribadito, fino ad arrivare al concetto di "entanglement" illustrato da Schrödinger nel campo della fisica quantistica...

Tornando agli imprenditori, i "veri imprenditori" sono coloro che creano, che intraprendono cause, che rischiano tutto quello che hanno per raggiungere un obiettivo. Potrà sembrarti eccessivo, ma vedo alcuni imprenditori come "martiri" per una causa, disposti a tutto pur di realizzare e fare del bene alla comunità. Quasi dei kamikaze, considerando che solo il 3% delle imprese di oggi supera il quinto anno di età. Mi auguro di essere stato efficace nella creazione dell'identikit dell'imprenditore e di averti dato nuovi spunti di riflessione e informazioni rilevanti.

LE DIFFICOLTÀ DELL'IMPRENDITORE

Ascoltando quello che mi dicono o scrivono le persone, percepisco tutta una serie di preoccupazioni riguardo l'imprenditoria.
Le preoccupazioni e le paure sono innate nell'essere umano, ed hanno anche un'accezione positiva. Senza di esse, sentendoci sicuri di noi stessi oltremodo, probabilmente ci saremmo già estinti! Le paure sono una forma di protezione, il problema comincia nel momento in cui queste sono infondate e irrealizzabili.

Hai mai avuto una paura folle per un esame? È normalissimo, al di là delle peculiarità caratteriali, la percezione della paura è direttamente proporzionale al livello di impreparazione che sentiamo di avere nei confronti di quell'evento. Nel mercato accade la stessa cosa, ci sono persone che si improvvisano imprenditori e fanno errori abissali senza averne cognizione. Come dicevamo prima, come una scimmia alla guida di un'auto. Ora andiamo ad analizzare cosa spaventa le persone che desiderano aprire un'azienda.

Le due più grandi preoccupazioni sono:

- Fare utili (per non fallire)
- Trovare i soldi (per aprire)

Prima di aprire il primo negozio, ero anch'io preda di questi timori. Scegliere il settore giusto, dove "giusto" è inteso come remunerativo, e trovare i soldi per aprire. All'epoca, non avevo soldi sufficienti ad aprire un'attività. Stavo valutando diversi settori e il mio metro di giudizio era legato esclusivamente alle potenzialità di guadagno.

Ho scelto l'estetica perchè era il giusto compromesso tra investimento iniziale, facilità di gestione ed etica. Avevo riposto attenzione sulle tabaccherie, perché mi era stato detto fosse un settore altamente remunerativo, ma l'idea di "vendere morte" non mi piaceva, ho preferito il benessere, far stare bene le persone mi sembrava un bell'obiettivo. Come ti accennavo prima, quel primo negozio fu un fallimento. Gli errori commessi in quel contesto mi costarono debiti e sofferenze, ma ritengo di essere stato fortunato, perché da lì creai i presupposti del mio successo:

Imparare a portare al successo aziende fallimentari o fallite.

Dopo quell'evento, mi ritrovai sotto di oltre 100 milioni di lire, ero di fronte ad un bivio: autodistruggermi psicologicamente ed emotivamente, pensando di essere un incapace e accettando di tornare a fare il dipendente, oppure imparare le regole del mercato, quelle che possono determinare il fallimento se ignorate o il successo se dominate. Decisi di imparare la lezione e di continuare a fare esperienza e di approfondire le competenze in management, vendita e marketing. Questo mi permise di riaprire il mio negozio, di portarlo al successo in pochi mesi, ma anche di fare molto altro.

Ho lanciato più di 100 aziende al successo dopo averle rilevate fallite o ad un passo dall'esserlo. Ho assistito più di 500 aziende di clienti in difficoltà. Ho scoperto cosa porta realmente sul lastrico le 97 aziende su 100 che chiudono nei primi 5 anni di attività. Sai qual è il problema più rilevante che ho riscontrato? La mancanza di informazioni e aggiornamenti di settore. Prova a pensare al tuo telefono cellulare, viene aggiornato con una certa cadenza. Come i pc del resto, ogni sei mesi/1 anno, subiscono un aggiornamento software. E la nostra mente? Il nostro cervello necessita sempre di nuovi input, ma spesso si ritrova con le informazioni incamerate negli anni scolastici. Informazioni che già nel momento in cui ci sono state proposte erano vecchie di almeno 20 anni.

Quindi, cosa abbiamo nella testa? Come possiamo essere performanti se usiamo un software vecchio decine di anni? Il linguaggio del mercato si aggiorna almeno ogni 6 mesi. Ci sei arrivato? Siamo noi i responsabili di tutto, solo noi possiamo creare il nostro benessere e la nostra ricchezza, autonomamente. La crisi? Può essere una tua alleata, come lo è stata per me. Ti permetterà di guadagnare di più e più velocemente, ma devi saper raccogliere e sfruttare le opportunità che altri non hanno saputo o voluto riconoscere. Delle 100 aziende che ho portato al successo, circa 80 le ho rilevate da situazioni fallimentari.

Ora che hai capito che tutto è nelle tue mani e che puoi prepararti alla vittoria, possiamo passare alla soluzione del problema numero 2.
Risolta la preoccupazione, (o paura), di non fare utili, passiamo al trovare i soldi per prepararti e per aprire/comprare un'azienda. Come hai letto poco fa, al mio esordio nel mondo dell'imprenditoria, i soldi erano un grande problema per me. Problema che peggiorò dopo la chiusura del primo negozio. Per comprarlo avevo a disposizione solo

15 degli 80 milioni che mi servivano. Utilizzai strategie molto discutibili per trovare la differenza, non avendo la possibilità di prenderli in banca.
Non andai a fare cose illegali, ma li chiesi alle persone sbagliate. Dopo la chiusura, in debito di oltre 100 milioni, il mio morale era a terra. Mi rimboccai le maniche, il denaro non è mai un problema se sai cosa fare. I soldi possono amplificare e facilitare le cose, ma non possono risolverle. Un business fallimentare, cioè che produce più costi che ricavi, non è un business. In Italia le chiamiamo "attività" proprio perché devono produrre "attivi", se non ne producono, viene meno la loro stessa natura e la loro ragione di esistere.

Immaginiamo un imprenditore, che, tronfio del suo grande portafoglio, inizia a mettere denaro per coprire le perdite della sua azienda, quale sarà la sua sorte? Fallire. Anche con milioni a disposizione. Un'azienda in perdita è come una nave con una grande falla sullo scafo. Non saranno i secchi o le pompe di sentina a salvarti, devi trovare la falla e chiuderla. Quando ti preoccupi di denaro, ti stai preoccupando del problema più semplice da risolvere. Se ora stai pensando: "Tutto bello, ma non ho proprio i soldi a disposizione per aprire un'attività" hai fatto un'ottima riflessione! È quando si scoprono i propri limiti che si possono trovare delle soluzioni.

Se hai un grande "perché" troverai 1000 "come"!

Le persone spesso si focalizzano al 90% sul come. "Come posso aprire qualcosa se non ho i soldi?". Solo attraverso un grande "perchè" una persona si mette in moto per trovare delle soluzioni al "come". Il nostro "perché" è ciò che ci dà la motivazione. Quando iniziai, anch'io non avevo nulla, né informazioni, né denaro! Avevo solo un grande "perchè": non volevo tornare mai più a fare quei lavori che non mi piacevano e che non sentivo di meritare. Ero disposto a tutto pur di non tornare indietro! Oggi che ho le informazioni, non ho più bisogno di soldi per guadagnare. Certo, mi fanno comodo perché sono degli acceleratori, o come li chiamo io "soldatini", servono a vincere la guerra della libertà finanziaria.

"Allora, Leonardo, come si fa a trovare il denaro per aprire un'attività?". Domanda sbagliata. Questa è la domanda che si fanno le 97 aziende su 100 che aprono e chiudono entro i 5 anni.

Tu sei già preparato a possedere/gestire un'azienda? Non

sarebbe meglio chiedersi: “Come posso prepararmi al meglio, per far sì che la mia futura attività sia un successo?”. Questa è un’ottima domanda, semplice e diretta! Potrei risponderti tirando l’acqua al mio mulino dicendo “frequenta il mio percorso!”, ma voglio il tuo bene, e desidero il meglio per te, a prescindere che diventi un mio corsista o meno. Ti sto parlando con sincerità, ritengo che il tuo miglioramento personale impatterà positivamente anche sul mio mondo.

Quello che devi fare è affiancare chi ne sa più di te nel contesto che ti interessa, scegli un modello da seguire. Deve essere una persona che ha ottenuto i risultati che vorresti raggiungere anche tu. Lo so, ho espresso questo concetto in maniera ridondante, ma il libro che stai leggendo non ha lo scopo di intrattenerti, non è narrativa. Vuole essere un libro formativo, in qualche modo didattico, deve produrre un effetto su di te, oltre quello di farmi una bella recensione! Deve portarti a migliorare il tuo modo di pensare, a farti riscoprire la verità su te stesso e su quello che puoi fare in questo mercato e nella vita.

Le ripetizioni e il mio linguaggio schietto e diretto ci porteranno a 2 possibilità: o seguirai il consiglio e farai del bene a te stesso e alla comunità, oppure entrerai in contrapposizione con ciò che affermo, cercherai di demolirmi. Un po' come l'*Odi et amo* catulliano. Cerchiamo di riflettere insieme: se la tua mente critica dovesse riuscire a "demolirmi", (inteso come farmi apparire una fonte poco attendibile), quale guadagno trarresti? Io, Leonardo, sto costruendo quello che voglio e sono sicuro di raggiungere i miei obiettivi. E tu? Chiuso il mio libro, dimenticato il messaggio che voglio trasmetterti, quante opportunità avrai ancora di garantirti il tuo successo? Impara a gestire i tuoi pensieri, proteggi cose e persone importanti dalla tua mente critica.

La mente critica non ha pietà, nemmeno per noi stessi! Ci bersaglia di giudizi negativi e di critiche.

Puoi scegliere di non ascoltarla, si stancherà. O puoi rimanere in balia delle tue credenze depotenzianti, a te la scelta.

Ora torniamo a focalizzarci sulla risoluzione del problema 2: Come far fronte ad un investimento se non si hanno soldi a disposizione?
Voglio darti un paio di consigli per la ricerca del denaro. La società tende a farci credere che i soldi scarseggino, è

un'informazione falsa!

Ci sono molte banche e fondi che senza gli impieghi (finanziamenti) non possono andare avanti.

Stessa cosa gli investitori, (istituzionali e non), che hanno a disposizione del denaro, ma sono alla ricerca di imprese dove poter far fruttare quel capitale. Anche il singolo individuo che ha lavorato e messo da parte qualche decina di migliaia di euro, oggi ha un problema. Sa che le banche sono in difficoltà, e che a fronte di una minima rendita, (raramente superiore al 2%), prenderanno i suoi soldi dando zero garanzie. Migliaia di persone in questi 5 anni hanno perso risparmi nelle banche.

Quindi cosa può fare? Comprare una casa e metterla in affitto? Beh passerebbe da un ottimistico 2% ad un 4% lordo dove, tra IMU ed eventuali lavori straordinari nell'appartamento, vedrebbe la rendita svanire per qualche anno. Questo dando per scontato che gli inquilini paghino regolarmente il canone di affitto, perchè, se così non fosse, rientrerebbe in possesso del suo immobile solo dopo un paio di anni.

Mi dispiace averti dipinto questo quadro negativo, non è mia abitudine, ma questa è la realtà e non un ritratto, ci sono passato anch'io purtroppo o per "fortuna". È sicuramente stato utile, ho imparato la lezione dai soldi che ho perso. E sono qui a raccontarti una parte del mio vissuto, non una similitudine o una metafora della vita di qualcun altro. Sarà difficile crederlo, ma oggi è più facile trovare qualcuno che ti presti un paio di milioni che qualche migliaia di euro. E come avrai capito, questo va a discapito di chi vuole fare micro impresa. La ragione è molto semplice: chi ha molti soldi è più preparato in materia finanziaria di chi ne ha pochi, e quindi sa che è importante non lasciare i soldi fermi, ma farli rendere.

I soldi non guadagnati equivalgono ai soldi persi.

Lasciare 50.000€ fermi su un conto, ad un tasso inferiore dell'1%, equivale a perdere un 10% annuo di possibile rendita, quindi 5000€. Nella testa di un imprenditore questi 5000€ da cui non si è tratto profitto sono persi, perché si potevano guadagnare. Qualcuno potrebbe dire che un investimento è più rischioso dell'avere soldi sul conto. Questa riflessione potremmo farla in presenza di tutte quelle persone che si son viste portar via denaro dalla propria banca. Ovviamente il rischio dell'investimento è un rischio diverso, e a mio avviso inferiore, per una ragione importante: sei tu che controlli i tuoi soldi e sei tu a decidere dove collocarli. Tieni a mente una cosa:

oggi, anche negli investimenti,
non è più ammessa ignoranza.

Questo non significa che devi diventare Warren Buffett, (uno dei più grandi investitori mondiali che ha guadagnato miliardi di dollari solo reinvestendo il suo denaro), ma devi fare tue 2-3 regole degli investimenti. Le regole ti consentiranno di correre la percentuale di rischio più bassa con la resa più alta, e di avere sempre un'ancora di salvezza.

Come ti accennavo, ci sono molte persone a cui piacerebbe investire i propri soldi. Sai quando questo si paleserà nella tua vita? Quando avrai dimostrato a te stesso e agli altri, che sai "il fatto tuo" in termini di business e risultati. Sai che si può iniziare a dimostrare di essere capaci anche prima di diventare imprenditori? Ti basterà gestire qualcosa di altri, essere manager, socio, responsabile o qualsiasi altra figura con responsabilità e controllo di reparti o aziende. Se dovessi avere in mente di aprire una micro azienda, il mio consiglio per raccogliere il denaro necessario sarebbe di rivolgersi ad una banca. Oggi, al contrario di ciò che si pensa, non è molto difficile accedere al credito. Requisito fondamentale è non essere stato etichettato in precedenza come “cattivo pagatore” in qualche database bancario. Non devi essere stato protestato e devi avere un minimo di reddito. Se corrispondi a questa descrizione, riuscirai ad avere accesso ad un credito di circa 50.000 euro. Puoi trovare ulteriore appoggio nei consorzi di garanzia, si frappongono tra te e la banca per garantire l’istituto in caso di mancato pagamento, come un’assicurazione, il consorzio pagherà al tuo posto.

Un’altra opportunità per avere i soldi necessari ad aprire un’attività può essere istituire una società.

Poco importa che sia composta da investitori o soci operativi, l’essenziale è che possano permetterti di raggiungere la somma necessaria a lanciare il business. C’è un detto che recita “un socio è poco e 2 sono troppi” proprio perché bisogna prestare attenzione alla gestione in comune. Ci sono delle regole da rispettare e da far rispettare per andare d’accordo nel tempo. I patti parasociali possono essere di grande aiuto!

A questo punto, grazie a queste soluzioni, mi auguro tu abbia abbastanza informazioni per dire:

"Posso trovare i soldi che mi occorrono ma mi devo preparare per farlo".

Abbiamo virtualmente risolto due ostacoli che sembravano insormontabili, quelli che fanno desistere moltissimi aspiranti imprenditori ogni giorno. Abbiamo visto che non sono i capitali economici a limitare la crescita di un business. Ora posso parlarti dell'ostacolo più grande, che aumenta insieme alla crescita dell'imprenditore:

Oggi in Italia, ogni imprenditore ha difficoltà a crescere per... scarsità di CAPITALE UMANO!

Questa problematica si palesa sin dall'inizio, e tanto più cresce l'azienda, tanto più è difficile trovare persone motivate a lavorare. Come avrai notato, non ho scritto persone "preparate", ma motivate. Ho imparato a mie spese che è preferibile trovare personale motivato che persone con esperienza ma senza volontà. Senza il problema del reperimento del capitale umano, oggi, avrei più di 20 negozi di estetica. Ho smesso di cederli dal 2013 e potenzialmente ne aprirei più del doppio, se avessi personale adatto. Ne abbiamo già parlato nel capitolo sulla disoccupazione, lo ribadisco per farti vivere in maniera diretta anche il lato negativo dell'essere imprenditore. Oltre ad affrontare il mercato, a prepararsi, a tentare di vincere la "scommessa" della vittoria con la sua idea di business, vi è la necessità e l'incombenza di reperire risorse utili ad assorbire e sostenere la crescita del business. Molte delle aziende fallite che ho incontrato, avevano difficoltà/erano incapaci di selezionare/ inserire risorse nuove.

Qualcuno troverà assurdo o incredibile questo discorso ma è la realtà dei fatti! Se fai una ricerca su Google, oltre alle mie interviste su Tg1, Rete4 e La7, e agli articoli usciti su vari giornali, troverai materiale di altri imprenditori che si trovano nella mia stessa condizione. Sarà capitato anche a te di passare in qualche bar o ristorante e trovare il cartello "cercasi personale". Siamo in un momento storico/ economico particolare, mi auguro che attraverso le mie parole tu ti stia facendo un'idea più precisa su quanto sia pessimo l'incrocio tra domanda e offerta in Italia.

Non sono un polemico o una persona lamentosa, ma dove

serve sono rigido e puntiglioso. Solo riconoscendo limiti e mancanze si può attuare un cambiamento e migliorare. In questo caso ci sono: da una parte molte persone che cercano lavoro, dall'altra molte aziende che offrono lavoro. Cosa si può fare per migliorare le cose? Analizziamo quello che dovrebbe essere il sistema offerto dallo Stato per far incrociare domanda e offerta. Quelli che un tempo si chiamavano "uffici di collocamento", oggi sono "centri per l'impiego", dove chi è senza lavoro dovrebbe iscriversi per ricevere offerte da parte delle aziende. Non sono un esperto di questo sistema e nemmeno del vecchio, perchè nella mia esperienza ho sempre trovato impiego con facilità e senza cercare molto. In questi ultimi tempi ho cercato di capire i meccanismi e le mancanze di questo sistema, facendo i conti costantemente con l'inefficienza di mercato tra disoccupati e aziende in crisi di personale. Un dato importante e in contrasto con le percentuali di disoccupazione riportate all'inizio di questo libro è che

in Italia solo l'1% dei giovani che ha trovato lavoro dal 2016 ad oggi ci è riuscito grazie ai Centri per L'impiego.

Con l'entrata in campo della "buffonata" del Reddito di Cittadinanza, si è dato un ulteriore "colpo" al sistema economico e sociale del nostro Stato. Ne abbiamo già parlato e credo di essere stato estremamente chiaro e sincero, al di sopra di qualsiasi pensiero politico, esponendo la situazione dal punto di vista di un cittadino italiano che ama profondamente il proprio Paese e i suoi abitanti.

Con l'approvazione del RdC entreranno in campo i "navigator", delle figure che dovrebbero aiutare i beneficiari del RdC a trovare lavoro. Si parla di circa 3000 nuove figure assunte dallo Stato con uno stipendio netto di circa 1800 euro. Circa 70 milioni di euro all'anno per fare un lavoro che i centri per l'impiego dovrebbero già fare. Esiste un'altra strada che si chiama: "Borsa Continua Nazionale del Lavoro". Anch'essa dovrebbe facilitare l'incontro tra le aziende ed i lavoratori. Ti invito ad andare su questo link:
http://europalavoro.lavoro.gov.it/EuropaLavoro/glossario/Borsa-nazionale-del-lavoro
per vedere con i tuoi occhi se questa pagina assolve la sua promessa di "far trovare lavoro alle persone" in maniera facile e intuitiva.

Oggi come oggi mi sembra così semplice poter migliorare le cose che anch'io stento a crederci!

Credo che per me, e in generale per i privati, intervenire dall'esterno su strutture pubbliche per migliorarle sia ovviamente impossibile. Credo anche che l'unione faccia la forza, e che essere uniti potrebbe portare miglioramento e soluzioni direttamente nel mercato. Questo libro smuoverà qualche coscienza e fornirà qualche nozione, facendo in modo che alcuni limiti siano visibili a tutti. Questo farà in modo che altre persone si attivino per il cambiamento, e il concetto che "il miglioramento di ciò che è di tutti è un vantaggio anche per i singoli" sarà sempre più palese.

Grazie a semplici consigli e a delle indicazioni specifiche, credo di aver già dato una grossa mano a chi cerca un'occupazione lavorativa. Se sei un imprenditore o se aspiri a diventarlo, punta tutto sulla tua preparazione e sull'organizzazione, in questo modo l'unico reale ed oggettivo problema sarà quello di trovare le giuste risorse.

RIASSUNTO CAPITOLO 6:

- **Ci sono imprenditori "parassiti" ed imprenditori "creatori";**
- **L'imprenditore per eccellenza, è colui che crea per sé dando agli altri;**
- **Le associazioni e le federazioni per gli imprenditori non possono tutelare i loro iscritti, e le tipologie di contratti previste in Italia sono tutte a favore del lavoratore;**
- **Gli imprenditori sono come Kamikaze, il 97% di loro chiude l'azienda aperta entro il quinto anno di vita;**
- **Le due preoccupazioni dell'imprenditore sono: Trovare soldi per aprire e produrre utili per non fallire;**
- **Un business è fallimentare quando produce più costi che ricavi;**
- **Se hai un grande perché, troverai 1000 come;**
- **La domanda più giusta che puoi farti è: sono preparato ad avere quell'azienda?;**
- **Ci sono soldi a volontà per un buon progetto di business;**
- **I soldi non guadagnati sono soldi persi;**
- **Il problema più grande per la crescita di un**

imprenditore preparato, al giorno d'oggi, è il capitale umano.

Capitolo 7:
Soluzioni

Partiamo dal presupposto che non si potrà mai avere una disoccupazione a tasso 0, (come abbiamo detto nei primi capitoli).
Ti ho già manifestato le mie idee di soluzioni per ogni problema, soprattutto per i 2 principali affrontati in questo libro: **DISOCCUPAZIONE** e **CRISI DELLE AZIENDE,** quest'ultima in stretta correlazione con la prima.

Disoccupazione: Esistono più soluzioni al fine di abbassarne il tasso, con maggiore attenzione a far rientrare nella normalità i numeri di quella giovanile.
Ricordando il fatto che tra i disoccupati ci sono diverse situazioni su cui poter intervenire, ne evidenziamo 3:

- Chi non cerca lavoro (perché privo di necessità);
- Chi cerca lavoro ma non vuole realmente trovarlo (poca volontà);
- Chi cerca lavoro ma non lo trova (poca preparazione).

In tutti i casi migliorare la comunicazione tra domanda e offerta, gioverà a chi è senza lavoro e a chi ha bisogno di risorse nella propria azienda.

Per la disoccupazione frizionale, o per coloro che non vogliono sentir parlare di lavoro, possiamo fare poco.
Ecco tre soluzioni specifiche per fare utili al fine di migliorare la situazione:

1. Fascia che non ha molta voglia di lavorare:

- Trasferire la “cultura del lavoro”. Elevare il livello di consapevolezza personale riguardo il significato e l’utilità del lavoro (benessere economico, emozionale, psicologico, spirituale) attraverso la famiglia, le relazioni con gli amici, il sociale.
- Educare le famiglie a ciò che è veramente il bene o il male per il proprio caro. Risolvere problemi al posto di un altro non è, di solito, cosa buona.
- Riportare nella società il valore reale del lavoro. (Non conta cosa hai, ma cosa fai per averlo!). Questo comporta una grande responsabilità da parte di chi ha molta influenza sugli altri. Sto parlando di V.I.P. Sportivi, Star, Influencer... Dovrebbero dare il buon esempio e riportare l’attenzione sul darsi da fare, non sull’apparire.
- Rendere più difficile la sopravvivenza economica di chi può lavorare e non lo fa. Concetto opposto al Reddito

di Cittadinanza. Dovranno occuparsene le famiglie e lo Stato, al fine di smuovere nuovamente le coscienze e creare nuove leve che indirizzino i ragazzi a voler lavorare.

2. Fascia che ha voglia ma non è preparata:

- Mostrare l'importanza della preparazione.
  Chi dovrà farlo? Famiglia, scuola, Stato.
- Maggiore propensione all'autostima e alla fiducia in sé e negli altri.
  Chi dovrà farlo? Famiglia, scuola, relazioni, mass media, Stato.
- Preparazione alla ricerca del lavoro.
  Chi dovrà farlo? Famiglia, scuola, Stato.
- Preparazione alla crescita nelle aziende.
  Chi dovrà farlo? Famiglia, scuola, Stato.
- Migliorare i percorsi accademici con più informazioni utili riguardo il lavoro ed il denaro.
  Chi dovrà farlo? Scuola, Stato.

3. Fascia che ha voglia e sa cosa fare:

- Creare una canale "vero" di comunicazione tra chi cerca

e chi offre.

Chi dovrà farlo? Stato, mass media.

- Aiutarli a trovare gli imprenditori giusti.

Chi dovrà farlo? Famiglia, scuola, Stato, mass media.

RIASSUNTO CAPITOLO 7:

- **Trasferire correttamente tramite la società e le famiglie il concetto di cultura del lavoro, darà più motivazione a tutti coloro che in questo momento sono inoccupati;**
- **Educare le famiglie e le amicizie a ciò che è veramente il bene o il male per il proprio caro;**
- **Riportare nella società il valore reale del lavoro contro il mero possedere;**
- **Rendere più difficile la sopravvivenza economica a chi può lavorare e non lo fa;**
- **Mostrare l'importanza della preparazione a Famiglie, scuola, Stato.**

Capitolo 8:
La garanzia di successo

Nei capitoli precedenti abbiamo visto situazione reali con cause e soluzioni, in questo capitolo ti vorrei parlare di ciò che, secondo me, determina un successo nel 100% dei casi, soprattutto a lungo termine. Questa mia chiave ti garantirà successo nel lavoro e imprenditorialmente, e ti sarà utile in ogni area della tua vita. Potrà sembrarti banale o difficile da credere, ma questa chiave ha aiutato me e migliaia di persone.

Qualcuno utilizza questo schema inconsapevolmente ed ottiene risultati strabilianti. Prima di rivelarti cos'è, vorrei fare una premessa, in modo da farti arrivare da solo alla soluzione. Ognuno di noi è spinto da due enormi forze, quella dell'**ego**, che ha il pieno controllo di noi sin dalla nascita, e quella del **cuore**, che man mano che cresciamo arriva, (non in tutti), a bilanciare la prima. Cos'è l'ego? È quella vocina nella testa che inizia a parlarti sempre con "Io…", quella che vuole ottenere e ricevere solo per sé e che è in eterna competizione con gli altri. Ci sono moltissime correnti di pensiero che condannano questo "EGO", lo etichettano come prima causa di infelicità, e propinano metodi per rimuovere questa parte fondamentale del nostro essere.

Sono estremamente contrario a queste pratiche per più motivi, primo tra tutti il fatto che credo fortemente che ogni cosa abbia un suo scopo perfetto, anche le emozioni negative come la rabbia e la disperazione. Ogni cosa ha un suo scopo e non dovrebbe essere rimossa o soppressa, perché questo può creare degli scompensi e delle mancanze. Ovviamente, va tutto contestualizzato in base al luogo di provenienza e a dove ci si trova attualmente. Chi nasce in India (o in Cina, in Africa, in America Latina…) ha un lavoro diverso da fare su sé stesso e sulla società. Per noi che siamo nati in una parte di mondo dove si vive la competizione, la costruzione, l'evoluzione materiale ecc… l'ego ha un ruolo fondamentale.

Fai una ricerca sui più grandi personaggi dell'industria e dell'imprenditoria. Scoprirai che anche loro hanno una forte componente egoica. Ovviamente, gli eccessi non permettono la costruzione ed in certi casi arrivano a distruggere, ti basti pensare alla parte egoica utilizzata dai politici nelle guerre. La troppa voglia di dare a sé stessi va a ledere gli altri. Come abbiamo già detto in precedenza,

l'imprenditore è colui che crea per sè dando agli altri.

Abbiamo già parlato di ciò che penso sull'imprenditoria, continuiamo a scoprire cosa realmente permetta di avere successo ovunque e a lungo termine. Ti ho parlato di "ego" cercando di rimuovere quell'accezione negativa che molto spesso gli viene data. Dopodichè abbiamo ribadito che gli eccessi non sono mai creatori, anzi, possono generare grandi problemi. Uno tra questi è la solitudine, forse il più grande insuccesso di ogni essere umano. L'egoismo va dosato in modo corretto, per permettere la costruzione di sé stessi e di molto altro. Nei miei percorsi di crescita personale parlo spesso di quanto sia importante il

sano egoismo!

Senza di esso, le persone non riescono a far molto, addirittura in certi casi nemmeno ad essere sé stesse.
Che cos'è il "sano egoismo"? Quello per cui in molti casi "dovresti" mettere te stesso prima degli altri! Perchè se non lo fai tu, nessuno lo farà per te e questo non ti permetterà di ottenere o costruire quello che vuoi in senso più ampio.

Immagina di volere il successo in termini professionali o imprenditoriali e immagina di avere già una famiglia. Una massima fondamentale nella mia esperienza è stata:

**“il Successo arriva prima del Sudore,
solo sul vocabolario.”**

Per questo ritengo che, se si è alla ricerca di una qualche soddisfazione, è necessario fare un investimento in termini di:

TEMPO - DENARO - CONSIDERAZIONE - IMPEGNO

Avendo a disposizione del tempo e delle attenzioni limitate, o in caso di difficoltà economiche, se non sarai in grado di essere egoista il giusto (in maniera sana) sarà molto difficile avere il successo che vuoi e che senti di meritare.

Facciamo qualche piccolo esempio per farti comprendere al meglio cosa intendo: immagina d’avere un lavoro che non ti soddisfi, sia a livello personale che economico, e che invece di lamentarti (come fanno gli altri) tu decida di ascoltarmi e di cominciare a fare delle azioni, cominciando dall’invio di una montagna di email con lettera di presentazione e curriculum vitae allegati. Dopo questa prima azione, si apriranno delle opportunità di colloquio, che, avendo già un lavoro ed una famiglia, saranno difficili da organizzare. Qui si apre un “bivio” che dovrà farti prendere una strada. Questa strada ti potrà portare a togliere tempo e considerazione alla famiglia, facendo molti colloqui dopo il lavoro e nei giorni di riposo. Oppure potresti scegliere la strada che preserva i rapporti familiari e le dinamiche abitudinarie, la quale ti farà evitare discussioni in casa, ma anche opportunità inaspettate e la possibilità di vivere meglio a lungo termine.

Nel primo scenario, apparentemente potresti sembrare un egoista e/o un cattivo genitore, che manca a recite, compleanni, ricorrenze e condivisioni familiari. Sul lungo termine però, creerà i presupposti per una maggiore tranquillità economica e relazionale. Questo ovviamente aumenterà la probabilità di essere felice e

una persona felice ha molte
più probabilità di avere successo.

Una persona felice e di successo, avrà molte più chance di riuscire ad educare al meglio i propri figli e di essere un partner migliore!

Quella che poteva essere una scelta egoistica, alla lunga, si dimostrerà la scelta giusta per tutti, per te e per la tua famiglia.

Pensa invece a tutti quelli che mettono sé stessi sempre in secondo piano, assecondando le esigenze e il volere degli altri, dove potranno mai arrivare?
Purtroppo, all'infelicità e all'insoddisfazione. Senza considerare l'aspetto materiale e lavorativo che sarà nella maggior parte dei casi deludente.
Attraverso questi esempi e questa prima parte di capitolo, ho voluto mostrarti l'importanza dell'ego e quanto è vitale essere egoisti in maniera sana.

Adesso voglio mostrarti l'altra faccia della medaglia, ossia cosa accade con l'eccesso di Ego. Stesso esempio di prima: c'è una persona insoddisfatta del proprio lavoro e della propria remunerazione, che decide di investire tutto il tempo nella ricerca o per la crescita del proprio lavoro. Questo togliendo tutto (o quasi tutto) il tempo alla propria famiglia, non solo in una fase, ma in maniera costante. Nel medio e lungo termine, questa persona potrebbe avere delle soddisfazioni lavorative ed economiche, ma perderà una parte (o la totalità) del rapporto con la propria famiglia, arrivando infine alla solitudine e all'isolamento. Ora capisci perchè sottolineo molto l'aspetto dell'egoismo in maniera "sana"?

In tutte le cose ci dev'essere EQUILIBRIO.

A questo punto, parliamo della seconda forza fondamentale per garantirti un successo duraturo: il cuore. Per "cuore" intendo amore incondizionato. Tutto quello che facciamo senza alcuno scopo di ricevere, ma perché lo riteniamo "giusto". In alcuni casi (come nel mio), questa componente è così forte da impegnare in maniera concreta ogni aspetto della vita, combattendo le ingiustizie ed aiutando anche gli sconosciuti.

Qualcuno potrebbe pensare, "Leonardo sei un Santo, un benefattore o cosa?".
Di solito quando mi viene fatta questa domanda, rispondo:

Ogni essere umano nasce con lo scopo di aiutare sé stesso e gli altri.

Per questo non sento di fare nulla di strano o di eccezionale. Le persone che mi vedono come un alieno o come un Santo, sono semplicemente abituate ed impegnate a risolvere i propri problemi, spesso con esiti disastrosi. Tutti quelli che sono già riusciti ad aiutare sé stessi (a "risolversi") sono naturalmente attenti agli altri e pronti ad aiutare. Prova a pensarci anche tu, non importa se in questo momento sei in una fase o nell'altra, prova a ricordare se almeno una volta nella tua vita hai incontrato nel tuo percorso una persona che non conoscevi, in difficoltà. A scuola, nel lavoro o addirittura per strada.

Qual è stato il tuo primo pensiero? A prescindere se l'hai aiutata o meno, hai provato del dispiacere? Quel dispiacere è il sentimento che intendo. Il groppo alla gola, la stretta al cuore, ognuno lo vive in modo diverso, ma tutti (o quasi) lo viviamo. C'era un tizio che molti anni fa parlava di fratelli, di amore, di unione e professava che siamo tutti figli di uno stesso padre. Il nostro cuore, quelle parole non le ha mai dimenticate, anche se facciamo fatica a rendercene conto.

Anch'io da piccolo e da ragazzo non la pensavo così, non perchè ero un'altra persona, semplicemente avevo altro da fare e a cui pensare, dovevo prima risolvere i miei problemi. Questo può essere lo stesso stato di alcune persone, per questo in una fase egoistica e in certi casi di squilibrio, possono non solo “non-dare”, ma addirittura togliere al prossimo.

E qui arrivo al concetto che aspetti dall’inizio del capitolo, ossia cosa ci dà la garanzia di successo e soprattutto cosa ci permette di mantenerlo. Quando parlo di successo, inizio da quello lavorativo, ma finisco poi in quello personale.
Abbiamo visto che l’ego ha una componente positiva e abbiamo visto quanto sia importante l’equilibrio. Infine abbiamo parlato di cuore, di amore e del dare.
Se vuoi avere successo nel lavoro e nel business dovrai

dare valore in anticipo, oltre le aspettative
ed in maniera costante!

Questo è quello che ti permetterà di essere desiderato dai tuoi clienti, collaboratori e titolari. Tutte le volte in cui parlo di questo concetto, alcune persone aprono parentesi del passato, raccontando di tutte le volte in cui hanno fatto qualcosa per qualcuno, non ricevendo nulla in cambio. Qui, come puoi notare, si evince l’aspettativa che abbiamo, il nostro ego che appare e dice: “Ma io ho fatto questo per te e tu poi non hai fatto questo per me”. I latini lo chiamavano *Do ut des*, do affinché tu mi dia. Non è un caso che in italiano si traduca con una congiunzione che regge le proposizioni finali (che introducono uno scopo, una finalità), non è magia, si chiama

“principio di reciprocità”.

Prova a ripensare a quella volta che a Natale hai ricevuto quel regalo inaspettato. Cosa hai provato e cosa hai pensato subito di fare? Immagino che ti sarai sentito in imbarazzo e l’istinto sarà stato quello di andare subito a comprare un altro regalo per ricambiare. Questo accade per quasi tutte le persone, dico quasi perchè ci sono sempre le eccezioni, che però confermano una regola:

Non ci piace sentirci in debito con altri.

Tornando al lavoro, argomento principale di questo libro, prova a ripensare al tuo percorso lavorativo.
Ti è mai successo di entrare in un’attività commerciale, come può essere un bar, e ritrovarti, oltre a bere un buon caffè, un cioccolatino, un barista sorridente che ti dà attenzioni ed importanza, e magari un bagno profumato con carta igienica e sapone? Questa dovrebbe essere la normalità, mentre molto spesso la viviamo come un’eccezione e quando ci

capita sembra un evento. Il fatto di avere l'aspettativa di ricevere (nella migliore delle ipotesi), un buon caffè, ed invece ritrovarsi in un posto dove ci si sente considerati, coccolati e dove tutto sembra essere studiato per farti sentire bene, cosa ti spinge a fare? Prova a pensarci un secondo e a rispondere con sincerità. Ti spinge a tornare in quel bar, o a parlarne bene con altri. Ovviamente potresti fare tutte e due le cose.

In sede di colloquio di lavoro, si può, (per me si deve), applicare la stessa regola. Se chi ho davanti si aspetta 10, io darò 20. Questa semplice procedura ti permetterà di avere sempre più persone che vogliono te. Anche se la tua mente critica sta pensando: *"Eh sì Leonardo, quella volta che ho agito in questo modo ho preso una grande fregatura, ho dato tanto ma non ho avuto indietro nemmeno la metà di quello che ho dato."* In questo caso le varianti possono essere molte, bisognerebbe capire **come** hai dato e a **chi.** Potresti aver incontrato una persona che non era in linea con i tuoi valori, e che quindi non era "adatta" a ricevere i tuoi favori.

Non credo che questa strategia funzioni con tutti, anzi. Ho perso anch'io del tempo e dei soldi con persone sbagliate, ma tracciando una linea tra entrate ed uscite, sono più le volte che ho ricevuto rispetto a quelle in cui ho dato. Sono certo che non attuando questa strategia non si possa avere successo a medio e lungo termine. Prova a pensare a tutto quello che fai nel tuo lavoro, come tratti i clienti, i collaboratori e i responsabili. La maggior parte delle persone è sulla difensiva, aspettando di ricevere qualcosa. Molti sono pronti lì per prendere, e anzi pretendono. Gran parte dei colloqui che faccio con il mio gruppo fa emergere quanto le persone, a volte, sembrino proprio impegnate a non ottenere quello che vogliono. Pretendono molto e subito, e sono disposte a dare poco. Cosa otterranno? Poco.

RIASSUNTO CAPITOLO 8:

- **Noi siamo spinti da due enormi forze, "Ego" e "Cuore";**
- **Nei miei percorsi parlo spesso di quanto sia importante il "sano egoismo";**
- **Il successo arriva prima del sudore solo sul vocabolario;**
- **Si deve investire in Tempo-Considerazione-Denaro se si vogliono avere risultati concreti;**
- **Una persona felice ha molte più probabilità di avere successo;**
- **Assecondare solo il volere ed il piacere degli altri, alla lunga, ti renderà insoddisfatto ed infelice;**
- **Per capire se dare a sé stessi o agli altri, basterà applicare la regola base della vita: "equilibrio";**
- **Ogni essere umano nasce con lo scopo di aiutare sé stesso (in primis) e gli altri;**
- **Vuoi ottenere dagli altri? Dai valore in anticipo!;**
- **La maggior parte delle persone spesso è sulla difensiva, aspettando di ricevere qualcosa dall'altro.**

Capitolo 9:
Il Futuro

Eccoci al capitolo finale di questo viaggio insieme.
Abbiamo visto che la realtà può essere lontana da ciò che ci sembra di vedere, abbiamo visto che le informazioni possono essere volutamente distorte. Ti ho mostrato quali possono essere le soluzioni ai problemi fondamentali della nostra vita, ti ho consigliato di non ascoltare la prima campana che senti, e di continuare a cercare i numeri giusti. Abbiamo fatto un salto nel passato, per capire cosa è successo nel nostro Bel Paese sul fronte economico e su quello lavorativo, e abbiamo fatto paragoni e raccontato storie di successo, ricordato episodi virtuosi e altri un po' meno. Questo ci ha permesso di capire che

la disoccupazione non esiste,

intesa come ci vogliono far credere. La realtà è che la disoccupazione è una "non-occupazione" temporanea e fisiologica, e non una malattia di cui ci si può ammalare. Abbiamo parlato di responsabilità e giudicato il peso di ogni singola azione quotidiana.
La disoccupazione giovanile è andata, realmente, oltre le

medie nazionali ed europee, e soprattutto per loro

la causa principale non è data dalla mancanza di lavoro, ma dalla mancanza di volontà.

Ti ho parlato del perchè c'è stato questo cambiamento, e delle leve che spingono ognuno di noi a fare una scelta rispetto ad un'altra. Questo ci ha permesso di capire meglio perché i giovani d'oggi fanno scelte diverse da quelli del passato, abbiamo analizzato esempi concreti, storie di vita vissuta da me e da persone che conosco.

Ho cercato di fare del mio meglio per spiegarti:

- La differenza tra "ritratti" e "realtà";
- Quanto tutto sia manipolabile;
- Quanto sia importante tenere gli occhi aperti e ragionare con cognizione di causa.

Ti ho parlato anche della crisi in diverse accezioni, spiegandoti che anch'essa è fisiologica e non una malattia virale che colpisce qui e lì.

La crisi non è altro che l'incrocio tra l'evoluzione di un mercato e l'immobilità di un imprenditore.

Per questo motivo ci sono imprenditori che la subiscono ed altri che la dominano, trasformandola in opportunità. Con questo messaggio ti ho trasferito la cosa più importante di tutto il libro, puoi creare tu stesso il tuo successo o il tuo fallimento.

In poco più di 40 anni di vita, sono passato da una parte all'altra della "barricata", da dipendente a imprenditore, proprio per questo ritengo di essere la persona giusta per poter esporre la realtà dei fatti della società corrente, non ti parlo e non ti parlerò mai di qualcosa che non ho vissuto in prima persona e toccato con mano.

Tranne ora. Mi piacerebbe, per completezza di informazioni, parlarti del futuro. Come se tu fossi un amico rincontrato dopo qualche tempo, come se, dopo aver passato insieme momenti indimenticabili, ti incrociassi "casualmente" per strada. Qui e Ora.

Vuoi sapere la mia visione del futuro, amico?
Mettiti seduto, stiamo per completare il viaggio cominciato qualche pagina fa. Sento che la giusta conclusione è darti le chiavi di quello che credo sia fondamentale in questo Paese, in questa epoca, adesso, con questi supporti.

Imprenditori non ci si improvvisa, ora lo sai bene, il successo è frutto di impegno e di metodo. Ogni esperienza negativa può essere un'opportunità, puoi trasformarla in un'esperienza positiva per il futuro. Potrai anche "comprare" l'esperienza avvicinandoti a chi ha già ottenuto quello che vuoi. Ascolta solo i consigli di chi ammiri, e di nessun altro, vedrai che raggiungere ciò che vuoi sarà più semplice di quanto immagini.

Incontro molte persone che vogliono migliorare questo mondo, ma se vogliamo un futuro migliore per il prossimo, dobbiamo iniziare da noi stessi.

Cambia te stesso e cambierai il mondo!

Ripetilo come un mantra, ti servirà. Se anche tu riuscirai a raggiungere il tuo "scopo" in questa vita, le cose miglioreranno per tutti. Ci sarà un futuro in cui le persone collaboreranno l'una con l'altra, dove l'etica e l'ecologia saranno la *conditio sine-qua-non* (la condizione imprescindibile) di ogni scelta. Gli imprenditori manifesteranno solo la loro vera natura, "creare per loro dando agli altri". Per questo e per tutti i motivi (soluzioni) che ho espresso in questo libro, il lavoro non sarà mai un problema per chiunque abbia voglia e spirito di iniziativa. Nasceranno (o si svilupperanno) nuove professioni, che assicureranno nuove opportunità. In futuro, le competenze digitali saranno sempre più determinanti nel mondo del lavoro, ma anche se sarà impossibile fare a meno della tecnologia, resterà insostituibile l'apporto umano: ecco perché il professionista del futuro dovrà essere "ibrido", in grado cioè di coniugare conoscenze scientifiche e umanistiche. I progressi della scienza e delle tecnologie ci regaleranno una nuova visione dell'esistenza, se sapremo decodificarli.

Il mondo è in continua evoluzione, e se non vuoi entrare in crisi (lavorativa o imprenditoriale) dovrai evolverti con esso. Spero di averti dato la spinta necessaria e le informazioni necessarie per farlo. Per avere un futuro non avremo bisogno di fortuna, di politica, o di qualsiasi altra cosa. Ci saranno persone, come me e te, che decideranno, una volta per tutte, di migliorare le cose in prima persona, iniziando dalla propria vita. Questo è lo scopo principale di questo libro: riunirle.

Voglio il tuo bene.
Leonardo

RIASSUNTO CAPITOLO 9:

- **La disoccupazione non esiste;**
- **La crisi non è altro che l'incrocio tra l'evoluzione di un mercato e l'immobilità di un imprenditore;**
- **Il lavoro non sarà mai un problema per chiunque abbia voglia e spirito di iniziativa;**
- **Nasceranno nuove professioni;**
- **Il mondo è in continua evoluzione, dobbiamo muoverci con esso;**
- **Il futuro è dei singoli, che insieme possono fare grandi cose.**

Ringraziamenti:

Inizio dal ringraziamento più importante, quello a me stesso. Mi ringrazio per essere sempre andato avanti oltre le migliaia di difficoltà, umiliazioni, frustrazioni, dolori, delusioni, dubbi, insicurezze e paure. Sono un essere umano anch'io, credimi se ti dico che non è stato facile e non lo è tutt'ora.

Più diventi grande, più diventano grandi le responsabilità e le difficoltà. Ringrazio i miei genitori per avermi permesso di partecipare a questa vita, dandomi le cose più importanti, che credo siano una parte del vero "SUCCESSO", i valori: l'amore e la condivisione.

Ringrazio tutte le persone che ho incontrato nella mia vita, quelli che mi hanno fatto del bene, e quelli che con il male mi hanno comunque dato una lezione, facendomi vedere cosa non voglio per me e per gli altri, in questo mondo. Se dovessi fare il nome di tutte le persone che hanno collaborato nei successi della mia vita, dovrei riempire pagine e pagine.

Vorrei però citare la persona che ha permesso a questo libro di essere scritto in maniera corretta e scorrevole, risolvendo periodi un po' contorti che la mia mente ogni tanto crea, e revisionando alcuni errori di battitura e grammaticali.

Alessandra Anelli, una persona conosciuta da poco, ma in cui sono riuscito a vedere una grande voglia di fare, che le permetterà di realizzare molto, oltre le capacità già dimostrate nella scrittura di alcuni articoli.

Da ultimo, ma primo per importanza, ho qualcuno da ringraziare: TU che stai leggendo. Grazie di aver letto questo libro fino ai ringraziamenti. Questo mi fa già capire che sei una persona che porta a termine le cose, e quelle che ho conosciuto con questa qualità hanno sempre realizzato molto nella vita. Grazie soprattutto a te, perchè senza te non esisterebbe questo libro. Senza di te, parleremmo di un semplice Diario. Grazie, se dopo questa lettura farai anche delle azioni per te, Grazie, se ti impegnerai a migliorare la tua vita perchè so che sarà utile per tante altre che ti sono vicine, e questo mi permetterà di raggiungere il mio obiettivo più grande: Rendere questo mondo migliore con il mio passaggio.

Grazie, grazie, grazie.

BONUS 5:

RINGRAZIAMENTI

http://www.leonardoleone.net/bonus_libro_5